KB191012

인생의
컨닝페이퍼

인생의
컨닝
페이퍼

쉽게, 빠르게, 영리하게
꿈을 이룬 사람들의 비밀 노트

박종경 지음

ORNADO
토네이도

10년 차 변호사가 다른 사람의 인생을 컨닝하며 알게 된 것들

나는 운이 좋은 사람이다. 평소 사람은 물론이고 국가의 흥망성쇠에 관심이 많았던 나는 한때 역사학자의 길을 걸을까도 생각했지만 돈이 되는 직업은 아닌 것 같아 포기했다. 그리고 개인의 흥망성쇠를 다루는 다른 직업을 찾았으니, 바로 변호사였다.

그리고 또 하나의 꿈이 있었다. 책을 쓰는 일, 정확히는 책으로 많은 사람들과 소통하는 것이었다. 로스쿨 입학용 자기소개서에 삶의 목표로 '1만 명에게 의미 있는 영향을 줄 수 있는 사람이 되는 것'이라고 적었던 기억이 난다. 내가 누군가의 인생을 바꿀 수 있다는 오만이 아니다. 다만 많은 사람들에게 의미 있는 존재가 되었으면 하는 바람이었다.

어린 시절 우리 집은 넉넉하지 않았다. 내가 태어났을 무렵에는 그래도 일반적인 중산층에 속하는 가정이었지만, 부모님의 불화, 잘못된 선택, 돈에 대한 무지로 인해 가세는 점점 기울어갔다.

경제적인 상황이 악화되자 결국 부모님은 이혼하셨다. 분할할 재산도 없어 이혼은 협의로 끝났다고 전해 들었다. (대부분의 자녀들이 부모의 이혼 상황에 대해 제대로 듣지 못한다. 그저 짐작하거나 대강의 이야기를 듣는 게 고작일 때가 많다. 그리고 변호사가 된 후에 알게 된 사실이지만 협의이혼 기록은 보존 기간이 매우 짧다.)

이혼 후 아버지는 살고 있던 집을 팔아 빚을 갚아야 했다. 이로도 부족해서 신용회복위원회의 도움을 받아 채무를 일부 탕감받으며 신용회복 절차를 거쳤다. (과거에는 개인회생이나 개인파산 절차보다 신용회복 제도가 많이 이용되었다. 주로 금융권 채무에 대한 탕감이 가능하다.)

이것이 당시 나의 가정 상황이었다. 어린 눈으로 바라본 우리 집의 모습은 엉망이었다. 어린 나이에 체감하고 목격했던 이러한 모습들은 이후 내 삶의 선택과 결정에 있어 큰 영향을 미쳤다.

가난한 집의 자녀들은 빨리 철이 든다. 자신이 할 수 있는 것과 할 수 없는 것을 빠르게 구분한다. 그리고 꿈이란 단어를 사치로 여긴다. 작은 취미를 갖는 일조차 돈이 없으면 불가능하다는 것을 아주 어린 시절에 깨닫게 되면서, 주변 사람들이 여가를 즐길 때 나는 일을 하고 책을 보며 공부를 해야만 그 차이를 조금이라도 메꿀 수 있다는 사실을 알게 되었다.

과거 집에 돈이 없을 때 벌어진 상황들은 나를 공포에 질리게 했다. 매일 이어지는 부모님의 언쟁과 다툼, 술에 취한 아버지가 새벽에 귀가해 나와 동생을 깨우던 모습은 지금까지도 아주 선명하게 기억 속에 남아 있다. 그래서 돈 문제로 다투는 부모님 밑에서 자라는 아이들의 마음을 나는 너무나 절절히 알고 있다. 불안이나 공포로 인해 잠들지 못하는 날이 많을 것이며, 공부에도 전혀 집중 하지 못할 것이다. 이런 환경에서 날로 성적은 떨어지고, 자칫 질 나쁜 친구들과 어울리게 되면 향후 인생을 송두리째 망치기도 한다.

가족 간의 유대감은 사라지고 기댈 곳도 없어진다. 그리고 인 생이 잘 풀리더라도 부모님을 부양해야 하는 상황이 기다리고 있 다. 이러한 경제적, 심리적 부담을 안고 20대가 되면 연애나 결혼 을 비롯해 자신의 꿈을 포기하기도 한다. 과거 나의 경험과 현재 변 호사로서 만나게 되는 많은 이들의 삶에서 마주한 가난의 모습은 대체로 이런 것들이었다.

다행히도 나는 환경 따위에 굴복하지 않는, 반골 기질을 가진 어린이였다. "이런 환경에서 자란다고 모두가 망가진 삶을 사는 건 아니잖아?"라고 생각했다. 수많은 소설과 철학, 역사서 등을 읽으 며 나보다 어려운 환경에서 성장하고도 성공한 사람들의 이야기를 마음에 새겼다. 그리고 '인간이라면 누구나 고난을 겪는다'는 아주 단순한 진리를 깨닫게 되었다. 내가 겪는 어려움은 과거 선조들이 겪은 고난에 비하면 아무것도 아니라는 역사적 사실은 내 삶에 큰 변화를 주었다. (참고로 나는 대학에서 이중 전공을 했는데, 그중 하 나가 역사학이다.) 책은 나에게 어린 시절 힘겨운 삶을 살았음에도 성인이 되어 큰 업적을 이룬 수많은 롤모델을 만나게 해주었다. 사실 어려운 집안에서 자라는 아이들이 주변에서 보고 배울 긍정적인 롤모델을 찾기란 극히 어려운 일이다. 나는 다행히 책에서 이를 찾고 동기를 부여받아, 어떻게 하면 꿈을 이루고 더 나은 삶을 살 수 있을지 구체적인 방법론을 고민할 수 있었다.

모두가 부자가 될 필요는 없다(나 또한 아직 부자라고는 말할 수 없다. 물론 부자를 꿈꾸지만 말이다). 그러나 돈 때문에 번뇌와 고민에 휩싸여 사는 것을 원치 않는다. 돈 때문에 관계를 잃고 싶지도 않다. 일, 사랑 그리고 가족 또한 삶에 있어 중요한 가치임을 인정한다. 하지만 돈이 가정의 평화나 주변 환경을 위협하는 원인이 될 수 있다는 것을 나는 이미 충분히 배웠다. 물론 인생이 그렇게 단순하지만은 않기에 단언할 수는 없겠지만 말이다.

이러한 삶에 대한 고민은 내가 변호사가 되는 데 결정적인 역할을 했다. 힘들었던 과거의 경험이 지금의 일에 도움이 되기도 한다. 부모님의 이혼을 몸으로 직접 경험한 사람이 이혼 소송을 할 때의 장점은 사안을 입체적으로 볼 수 있다는 것이다. 경제적으로 어려울 때 의뢰인들이 경험하게 되는 상황들을 유추해낼 수 있다는 점 또한 언제나 강점으로 작용한다. 그리고 직업상 이와 같은 어려움을 겪고 있는 사례를 수없이 접하게 되면서, 내가 과거 어려움을 극복할 수 있었던 나름의 해결책이 다른 사람들에게도 도움이 될 수 있지 않을까 하는 생각으로 유튜브도 시작하게 되었다. 타인의 삶에서 중요한 통찰을 끌어내고 싶어 하는 사람들은 어디에나 있기 마련이니까.

돈은 많으면 많을수록 좋다. 삶은 의미 있고 행복할수록 좋다. 이 책은 이 두 가지 명제에 동의하는 사람들을 위한 것이다. 더불어 어떻게 살아야 할지 몰라 방황하는 이들에게 마치 인생이라는 시험의 비밀 족보나 컨닝페이퍼 같은 직접적이고 실용적인 도움이 되길 바란다. 이 책이 많은 사람들의 시행착오를 줄이고, 그들이 더 빠르게 풍요롭고 의미 있는 삶으로 나아갈 수 있는 길잡이가 되기를 희망한다.

차례

2장 — 사람
'기회는 사람에게서 온다'

3장 — 결혼
'배우자 선택에 당신의 미래가 달렸다'

4장 — 일
'적당히 일하면 적당히만 산다'

5장 — 꿈
'의미 있는 노력만이 진정한 가치를 만든다'

6장 — 마인드
'노력, 노력, 노력, 그 다음은 믿음이다'

1장 — 돈

**당신이 이겨낼 수 있는 만큼
사랑하라**

지금의 생활 수준이
당신의 소득에 적합한가?

　　프롤로그에서 내 이야기를 한 것은 돈에 대한 이해에는 몸으로 경험하는 것만큼 빠른 것이 없기 때문이다. 우리는 안타깝게도 상상만으로 모든 상황을 온전히 판단할 수 없다. 직접 돈을 잃는 경험을 하는 것이 돈에 대한 이해의 시작일 수밖에 없는 까닭이다.

　　서머싯 몸William Somerset Maugham의 소설 《인간의 굴레에서》에는 주인공이 돈이 없어 굉장히 고된 육체노동을 하는 장면이 등장한다. 주인공은 선천적으로 불편한 한쪽 다리 때문에 열등감이 있는 사람인데, 어릴 때 부모님이 돌아가시고 물려받은 재산도 얼마되지 않아 목사인 큰아버지 밑에서 자라게 된다. 주인공은 장애가 있다는 것을 제외하면 큰 시련 없이 성장하게 되지만, 참으로 현실적이게도 투자로 재산을 탕진하게 된다. 이후 고통스러운 삶을 살던 주인공은 큰아버지가 돌아가시면서 다시금 물려받게 된 유산으로 공부를 시작할 수 있게 되고, 결국 자신의 아버지와 같은 의사라는 직업을 선택하게 된다는 것이 이 소설의 줄거리다.

내가 서머싯 몸의 작품을 좋아하는 이유는, 인간의 삶에 대한 해석과 내용 전개가 돋보일 뿐만 아니라, 돈에 대한 솔직한 이야기가 자주 등장하기 때문이다. 그의 작품은 돈이 없을 때 삶에서 어떤 일이 벌어지게 되는지, 빈자는 어떻게 살아가게 되며, 어떤 사건들을 겪게 되는지를 적나라하게 보여준다. 특히 이 소설에서는 사랑에 있어 돈의 영향력도 여과 없이 드러낸다.

결국 돈은 한 사람의 삶 전체에 관여한다고 할 수 있다. 인생의 모든 선택과 결정에 돈이 어느 정도 영향을 미친다. 이를 부정하는 사람도 있겠으나, 삶의 선택에 있어 가장 핵심적인 역할을 하는 것이 돈이라는 사실은 부인하기 어려울 것이다. 물론 물질이 아닌 정신적 가치를 추구하며 사는 사람도 있겠지만, 아이러니하게도 이조차 경제적 기반 위에서 더 자유롭게 이루어질 수 있다. 수많은 철학자와 과학자의 배경을 보면, 경제적 여유가 지적 활동의 토대였다는 사실이 드러난다. 그도 그럴 것이, 명상이나 학문 같은 고도의 지적 활동은 시간과 에너지를 필요로 하며, 그것은 곧 돈의 문제다. 나 역시 경험을 통해 이러한 사실을 일찌감치 체감했다. 공부를 하고 싶어도 생계를 위한 아르바이트로 책 한 장 제대로 넘기기 어려웠다. 가정 형편이 어려워 학원이나 과외는 꿈도 꿀 수 없었고, 이런 경제적 제약 속에서 공부하는 것은 정말 고된 일이었다. 다만 나의 경우 이러한 상황에서 공부할 수 있는 방법을 찾으려고 나름대로 애썼던 노력이 나중에 여러 능력 향상의 촉매제가 되었다는 것만은 분명하다.

　돈은 인간관계에도 영향을 미친다. 돈의 유무에 따라 접근할 수 있는 환경이 달라지면서 만날 수 있는 사람의 폭이 달라지고, 그 사람과 함께할 수 있는 시간 또한 제한된다. 살 수 있는 지역이 달라지고, 자연스레 이웃도 달라진다. 아이가 다니는 학교가 달라지고, 친구들의 배경도 달라진다. 더 나아가 그 친구들의 가정 환경은 내 아이의 인맥과 정보, 안목, 가치관에까지 영향을 미치며, 궁극적으로 아이의 미래를 형성하는 요인이 될 것이다.

　굳이 이런 거창한 이유가 아니더라도, 밥값이 없을 때, 입고 나갈 옷이 없거나 교통비가 없어 외출을 못할 때, 생필품이 부족하지만 이번 달에는 더 이상 지출이 힘들 때 등 생활 전반에 걸쳐 돈이 없어서 전전긍긍해야 하는 상황을 겪고 싶은 사람은 아마도 없을 것이다.

　과거에도 그랬지만 아직까지도 한국의 젊은 세대는 부모님에게 지원을 받으며 생활하는 경우가 많다. 그래서 돈의 가치를 잘 모르고, 돈이 없을 때의 상황을 가늠하지 못하는 이들이 대부분이다. 보통은 가정에서 지출되는 생활비가 얼마인지도 정확히 알지 못한다. 예를 들어, 현재 자신이 사용하는 식비나 폼클렌징, 비누, 샴푸, 칫솔, 치약 같은 생필품의 가격을 정확히 아는 20대는 생각보다 많지 않다. 자취하는 경우를 제외하면 말이다. 이는 곧, 지금 자신이 누리고 있는 생활 수준을 유지하려면 얼마의 소득이 필요한지 모른다는 뜻이다. 부모님과 함께 살다가 취업 후 처음 독립하게 된

20대가 자신의 첫 월급으로 기존의 생활 수준을 재현하기란 극히 어려울 것이다. 특히 '집세' 걱정 없이 살던 때의 씀씀이 그대로 독립해서 자취집에 들어가는 돈을 비롯한 생활비를 통제할 수 없는 사람의 경우는 상황이 더욱 힘들어진다. 막연히 과거의 생활을 좇다 보면 저축은커녕 자신의 수입 전부를 지출하고 점차 더 낮은 수준의 삶으로 내려가게 될 수도 있다. 이를 예방하려면 독립 후에는 부모님과 함께 살 때 공짜로 누렸던 생활 수준을 어느 정도 포기해야 한다. 그래야 비로소 자신의 미래를 준비할 수 있다.

생활 수준이 낮아진다는 것은 단순히 이전처럼 맛있는 것을 자주 먹지 못한다는 차원의 문제가 아니다. (물론 이것도 충분히 비참한 일일 수 있지만) 당신이 만나던 사람들과의 관계가 멀어질 수도 있고, 당신이 쓰고 있는 생필품의 질도 낮아진다. 당신이 살던 동네와 집을 떠나 더 열악한 곳으로 옮겨야 할 수도 있으며, 평소에 즐겨 먹던 음식도 참아야 할 것이다. 계절이 바뀔 때마다 옷을 새로 사던 습관도 버려야 하고, 지금 다니고 있는 헬스장도 환불을 요청해야 할지 모른다. 사람들은 이처럼 일상이 무너질 때에야 비로소 현실의 무게에 좌절하고 절망하며, 이전에 자신이 무심코 당연히 누려오던 것들의 가치를 뒤늦게 체감하게 된다. 그래서 현실을 파악하고 미래를 대비하는 일은 생각보다 중요하고 어렵다.

지금 당신이 누리고 있는 것들에 필요한 돈이 얼마인지 가늠해보라. 그리고 지금보다 더 나은 미래를 위해서 어떤 것을 포기하고, 어떤 것을 대비해야 할지 점검해보라. 만약 지금의 생활이 다가

오는 당신의 삶에 악영향을 미친다면 과감하게 지출을 줄이고 생활 수준을 조절할 필요가 있다.

돈은 마음만 먹으면
언제든 모을 수 있다는 착각

　돈 없는 사람들이 흔히 하는 착각이 하나 있다. 돈은 모으려고 마음만 먹으면 언제든 모을 수 있다는 것이다. 이런 생각은 젊은이들만 하는 것이 아니다. 무일푼으로 50대가 되었는데도 지금은 단지 노력하지 않아서 돈이 없을 뿐이고, 언제든 마음만 먹으면 모을 수 있다고 생각하는 사람들을 종종 만나게 된다. 이들 중에는 그저 초기 자본이 없어서 시작하지 못할 뿐, 사업을 시작하기만 하면 곧바로 대박날 거라고 말하는 사람도 있다. 자산을 축적하는 일에 대해 굉장히 가볍고 쉽게 생각하고 있는 것이다.

　부를 쌓는다는 것은 단순히 숫자적 지표의 문제가 아니다. 저축액과 저축률은 그 사람의 평소 소비 습관, 자기 절제력, 지적 능력 등 다양한 면을 드러내는 하나의 단서가 된다. 일반 직장인을 기준으로 할 때 보통은 소득이 고정적이다. 돈을 벌 수 있는 기간도 정해져 있다. 이렇게 고정적이고 기한이 정해져 있는 소득으로 노후를 준비하기 위해서는 절약을 해야 한다. 그러나 이러한 상식이 모든 사람에게 통용되는 것은 아니다. 많은 사람들이 노후 대비를 전혀 하지 못한 상태로 은퇴하는 것이 현실이다. 정말 의지만 있으면 모을 수 있는 게 돈이라면, 어째서 노후 준비가 되지 않은 사람들이 이토록 많은 걸까?

돈을 모으는 일은 그 사람의 사고력을 포함한 다양한 능력이 총체적으로 갖추어질 때 가능한 것이다. 내가 접하게 되는 사건이나 주변 지인들을 통해서 보고 느낀 바에 따르면, 절약에는 고도의 지적 능력이 요구된다. 소비를 어떻게 줄일지 고민하는 것도 결국 사고 능력에 달려 있다. 그리고 이러한 사고력은 자기 절제력과 통제 능력과도 직접적인 연관성이 있다. 미래를 예측하는 관점, 당장의 충동을 조절할 수 있는 자기객관화와 현실 인식 및 메타인지 능력이 요구된다. 또한 자본주의 사회에 살면서 남에게 보여주기 위한 소비를 하지 않기 위해서는 높은 자존감과 함께 주위에 휩쓸리지 않고 독립적으로 생각하고 행동할 수 있는 능력도 필요하다.

소비자행동학 이론 중에 소비자들이 제품을 구매할 때의 의사결정에 대한 다음과 같은 내용이 있다. 보통 소비자의 구매 결정 과정은 '문제 인식 → 정보 탐색 → 대안 평가 → 구매 결정 → 구매 후 행동' 순으로 이어진다. 누군가 물건을 구매하는 과정은, 보통 문제를 인식하는 것에서 시작된다. 예를 들면, "앗? 이거 있으면 좋을 것 같은데?" 혹은 "이거 다 써서 사야겠네"와 같은 식의 인식이다. 마케팅 연구에서는 이러한 문제 인식을 촉발시키는 요인에 대해 많은 연구를 하고 있는데, 소비자가 필요치 않아도 구매하게 하는 것, 즉 "이거 사야겠네"라는 생각을 하게끔 만드는 것이 현재 자본주의에서 살아남은 기업들이 하는 일이다. 사업을 하는 입장에선 당연히 이를 유도해야 하는 것이고, 자신의 돈을 지키려고 하는 사람의 입장에서는 이러한 구매 욕구에 대해 더 신중하고 지혜로운 대처가 필요한 것이다. 스티브 잡스는 "우리의 일은 고객이 욕구를 느끼기 전에 그들이 무엇을 원할 것인가를 파악하는 것이다. 사람들은 직접 보여주기 전까지 자신이 무엇을 원하는지 모른다. 그것이 내가 절대 시장조사에 의존하지 않는 이유다. 아직 기록되지 않은 것을 읽어내는 것이 우리의 일이다"라고 말하기도 했다.

자본주의는 돈을 버는 사람이 될 것인가, 돈을 잃는 사람이 될 것인가 양자택일의 싸움을 하는 곳이다. 결국 현명한 판단을 할 수 있는 사람이 승자가 된다. 직장에서는 자사 제품을 팔기 위해 노력해야 하고, 소비자일 때는 필요한 소비 이외에는 억제할 수 있는 사람이 되어야 승자가 될 수 있다. 말은 쉽지만 모두에게 가능한 일은 아니다. 일종의 심리 싸움인 마케팅 전략에 넘어가지 않기 위해서는 높은 수준의 지적 능력과 판단 능력이 요구되기 때문이다.

두 번째 단계인 '정보 탐색'으로 넘어가 보자. 현재는 쿠팡 등 온라인 쇼핑이 대세를 이루고 있다. 어떤 물품을 구매할 때는 먼저 온라인으로 검색해보고 결정해야 한다. 지금 이 시간에도 아직 온라인 검색을 하지 못하거나 귀찮다는 이유로 주변 슈퍼마켓에서 똑같은 물건을 더 비싼 값을 주고 사는 사람들이 생각보다 많다. 이런 작은 행동의 차이가 큰 격차를 만든다. 온라인으로 제품을 구매할 때도 각종 광고성 정보와 리뷰의 홍수 속에서 좋은 물품을 선별해낼 수 있어야 한다. 이 밖에 '대안 평가', '구매 결정' 등의 모든 단계들 역시 개인의 능력과 판단에 따라 결과가 달라진다.

돈을 모으는 능력은 결코 단기간에 쌓을 수 있는 것이 아니다. 교육으로 발전시키기도 쉽지 않다. 그러니 막연하게 언제든 마음만 먹으면 돈을 모을 수 있다는 착각은 버려라. 당신이 상상하는 과정이 무엇이든 현실에서는 쉽지 않을 것이다.

20대 후반 여성의 개인파산, 회생 관련 상담을 한 적이 있다. (지금은 회생, 파산 사건을 담당하지 않는다.) 자신은 개인회생 절차만 진행되면 빚을 청산하고 새 사람이 될 수 있다고 단언하는 그녀에게 나는 솔직하게 말했다. "생각보다 개인파산이나 회생 이후에도 돈을 모으지 못하는 경우가 더 많습니다." 사실 오랫동안 몸에 익은 습관이나 사고방식은 단기간에 개선되기 어렵다. 2024년을 시점으로 개인회생 변제 기간은 보통 3년으로, 이 기간 동안에는 정상적인 생활을 하지 못하고 아주 적은 생활비로 살아야 한다. 이 과정을 잘 버틴 사람은 채무를 정리하고 새 출발하며 자산을 축적할 수 있겠지만, 중간에 변제를 못해 회생 절차가 취소되는 경우도 많다. 회생 절차가 끝나자마자 원래 소비 습관대로 사는 사람도 많이 봤다. 개인회생 변제 기간 동안에는 월 납입액이 고정되어 있어 어떻게든 남은 돈으로 살아가지만, 이후에는 본래의 습관대로 살게 되는 것이다. 마치 군인이 군대에서 강제적으로 규칙적인 생활을 하며 6시에 일어나다가, 제대하자마자 본래 자신의 생활 습관으로 돌아가는 경우와 같다. 다행히도 A씨의 경우는 현재까지도 새로운 삶을 살기 위해 꾸준히 노력하고 있다. 우선 자신이 만나던 지인들과의 관계를 모두 단절했다. 취미도 돈이 들지 않는 것으로 바꾸었으며, 월급은 전부 부모님에게 맡기고 필요한 생활비를 받아서 쓰는 방식으로 생활하고 있다. 결코 쉽다고 할 수 없는 이러한 방법들을 통해 자신의 안좋은 소비 습관을 조금씩 고쳐나가고 있는 것이다.

절약과 저축은 짧은 시간에 해결 가능한 과제가 아니다. 육체적인 훈련만큼이나 고된 정신적 훈련이 필요하다. 금방 바뀌지도 않는다. 그러니 경제관념은 어린 시절부터 꾸준히 단련하고 훈련하는 것이 좋다. 이미 몸에 밴 소비 습관을 고치는 일은 결코 쉽지 않다는 것을 기억하라.

돈은 직접 벌어보지 않으면
알 수 없다

경제적 어려움을 겪어봐야 비로소 돈의 가치를 절실히 깨닫게 된다. 결핍이 인식의 전환점이 되는 경우가 많기 때문이다. 하지만 이런 계기가 모두에게 찾아오는 것은 아니다. 돈을 직접 다뤄본 적 없고, 모아본 적도 없는 사람일수록 돈을 모르기 때문이다. 그리고 돈에 대한 무지는 결국 돈을 모으지 못하는 악순환으로 이어진다.

A씨는 가난한 집안에서 자랐다. 아버지는 알코올 의존증에 폭력과 폭언을 일삼는 사람이었다. 임시직을 전전하며 간혹 돈을 가져오기도 했지만, 대부분은 어머니가 벌어오는 소득에 의존해 생활하고 있었다. 어머니는 자녀에게 최선을 다하려 했지만 점점 지쳐 갔고, 결국 다른 남자를 만나 홀연히 집을 나갔다. A씨는 언젠가부터 집에 어머니가 없다는 것을 깨닫게 되었다고 한다. 공식적인 이혼 절차는 없었지만, A씨는 어린 나이에도 이미 자신의 가정이 무너졌다는 것을 분명히 느낄 수 있었다. 아버지와 둘이 남겨진

A씨는 국가에서 지원해주는 생활비로 살아야 했다. 자신도 아직 어렸지만 동생까지 돌봐야 했기에 일찍 철이 들어버렸다.

A씨는 돈을 어떻게 모으고 써야 하는지 누구에게도 배운 적이 없었다. 어렸을 때부터 스스로 번 돈이 아닌 국가 지원금으로 생활했기 때문에 생계 유지 외에 저축이나 투자에 대한 개념이 없었다.

돈은 직접 벌어보지 않으면 알기 어려운 것이다. '지원'은 어려운 이들에게 분명 큰 도움이 된다. 누군가에게는 국가나 단체의 현금, 복지 지원이 새로운 삶의 기회가 될 것이고, 이를 잘 활용한다면 가난에서 벗어날 수 있는 단초로 삼을 수도 있을 것이다. 문제는 사람의 행동 체계가 그렇게 단순하지 않다는 것이다. 복지 제도가 점점 좋아지고 있는 것에 비해 가난에서 벗어나는 사람들이 많지 않은 것에는 분명 이유가 있다. 직접 번 돈이 아닌, 그냥 주어진 돈은 많은 위험성을 내포하고 있기 때문이다. 어떤 사람은 돈을 벌 의욕을 잃거나 어린 시절부터 돈을 벌기 위해 해야 할 경험, 돈을 모으는 데 있어 필요한 시행착오의 기회를 빼앗기기도 한다. 그리고 어린 시절부터 지원에 익숙해지다 보니, 패배감과 무력감이 자연스레 주입되어, 성인이 되었을 때 자립할 수 있는 힘을 기르기가 어렵다. 결국 돈과 관련한 능력이나 이해를 향상시킬 기회를 빼앗길 수도 있다는 것이다. 물론 당장 생활이 힘든 이들에 대한 지원은 중요하며 더 발전해야 한다고 생각한다. 다만 지원과 함께 경제 관련 교육을 통해 스스로 발전하고 삶을 변화시킬 기회를 제공해야 한다고 생각한다. 돈에 대해 알아야 가난에서 벗어날 수 있기 때문이다.

인간은 나약한 존재다. 필요성을 느끼지 못하면 절대 배우지 못한다. 생존하기 위해 직접 노력하면서 경험하는 것들이 사람을 성장시킨다. 그러나 생존을 하는 데 있어 누군가의 도움과 지원에 익숙해지면, 스스로 노력하고 지식을 쌓아야 할 필요성을 느끼지 못하게 된다. 모든 노력의 근본은 생존에서 시작된다. 일단 스스로 먹고살려고 노력하는 것이 모든 변화의 시작이다. 생존에서 시작해 자립으로 마무리되는 것이 바로 진정한 부이다.

돈에 대해 알기 위해서는 제대로 된 경제관념 교육이 필수적이다. 그러나 가난한 아이들에게 그런 것을 가르쳐 줄 부모나 멘토가 있는 경우는 드물다. 애초에 제대로 된 경제관념을 가지고 사는 사람들이 가난해질 가능성은 매우 낮기 때문이다.

《유대인 하브루타 경제교육》(양동일, 전성수 공저)에는 유대인들이 어떻게 자녀에게 경제 교육을 시키는지에 대한 이야기가 담겨 있다. 유대인은 세계 어디에서나 경제계에서 영향력을 떨치는 부자가 많은 민족이다. 그들은 어릴 때부터 가정에서 대화, 토론, 논쟁하는 유대인의 전통 학습법인 '하브루타'를 통해 기본적인 경제 개념을 배운다. 유대인 경제 교육은 노동 교육으로 시작되는데, '불로소득은 없다'는 기본 개념을 철저히 가르친다고 한다. 자녀들은 집안일을 돕거나 부모의 직업을 체험하면서 용돈을 벌고, 3D 업종 중에서 최소한 한 가지를 배우도록 해 세계 어디에서든 생존할 수 있는 능력을 길러준다. 또한 자신이 번 돈으로 타인을 도울 때 진정으로 부를 쌓는 일에 의미가 있다고 가르치면서, 돈과 타인과의 관계를 함께 교육해 아이의 관점이 자신에게만 한정되지 않도록 도와준다. 결국 노동과 돈, 리더십을 분리해서 생각할 수 없게끔 한다는 것이다.

유대인 경제 교육에서 또 하나 중요한 의미를 갖는 것은 성인식이다. 이날 일가친지들은 현금으로 부조를 해주는데, 이때 생긴 목돈이 아이가 투자와 자산 관리의 경험을 쌓을 수 있는 종잣돈이 된다. 그리고 이처럼 어릴 때부터 시작한 투자 경험은 나이가 들수록 복리 효과로 더욱 커지게 된다.

경제 교육은 결국 자립의 교육이다. 돈이 없는 가정일수록 부모는 자녀가 돈에 대해 배울 수 있도록 도와주어야 하며, 국가 역시 빈곤층 가정이 자립할 수 있도록 경제적 지원과 함께 경제 교육을 진행해야 한다. 그리고 이는 개인의 자기 계발적인 관점에서도 마찬가지일 것이다. 누구나 경제적 자립을 위해 적극적으로 경제 지식을 습득하려는 노력이 필요하다.

1억만 모으라고
말하는 이유

　20대 중반의 남성 A씨는 20대 초반부터 100억을 벌겠다는 목표를 세웠다. 그가 보는 SNS에는 쉽게 명문대에 입학하거나 거액의 부를 쌓은 사람들의 이야기가 넘쳐났다. 사업으로 성공해 외제차를 타고, 비싼 시계를 차고, 아름다운 여성들과 어울리는 남성들의 모습을 보며 자신도 그들처럼 되고 싶다는 꿈을 키웠다.

　하지만 A씨의 현실은 그의 꿈과는 크게 달랐다. 통장에는 몇만 원도 없고, 어떤 일이든 조금만 힘들면 그만두는 습관 때문에 일에 대한 전문성도 쌓지 못했다. 그는 적은 노력으로도 100억을 벌수 있고, 수능 모의고사 8등급의 성적으로도 1년 정도만 열심히 공부하면 의대에 갈 수 있을 것이라 막연히 생각했다. 하지만 현실은 냉혹했다.

　쉽다고 생각했던 것이 실제로는 어려운 일임을 깨닫는 순간, 그는 삶에 회의를 느끼며 '왜 이렇게까지 하면서 살아야 하는가, 왜 고통받아야 하는가'라는 질문에 직면하게 되었다. 현실과 기대 사이의 괴리가 그에게 커다란 고통으로 다가온 것이다.

사회에는 생각보다 이런 사람들이 많다. 돈의 가치를 우습게 알고, 쉽게 벌 수 있을 것이라 착각하는 사람들 말이다. 이는 SNS의 영향이 매우 크다. 상류층의 삶을 보며 목표를 설정했지만, 자신의 현재 위치나 능력에 대한 자기객관화가 부족한 경우가 많아지고 있는 것이다. 특히 자산에 대한 인식에서 이는 더 극명하게 드러난다.

최근에는 1억 원의 가치에 대해 폄하하는 사람들이 많다. 인플레이션으로 인한 화폐 가치의 하락으로 '1억'의 무게감이 과거보다 떨어진 것은 사실이다. 아마 시간이 갈수록 더욱 그럴 것이다. 혹자는 "1억 모은다고 인생 바뀌지 않아요", "1억으로 전세도 못 구하는데 무슨", "어차피 세상은 망할 텐데 그냥 지금을 즐겨라"라고 말하며 회의적이거나 방관적인 태도를 보이기도 한다.

세계적인 자수성가 부자 중 '한방'에 돈을 번 사람은 없다. 최근에는 말만 번지르르한 일부 연예인, IT 기업 대표, 스포츠 스타들의 이야기를 표면적으로만 이해해서 부와 명예에 대해 잘못된 선입견이나 고정관념을 갖게 되는 경우가 많다. 그러나 현실에서 사업은 대개 처음부터 잘되는 경우보다, 시간이 지나며 조금씩 부를 쌓아가는 경우가 대부분이며, 심지어 무일푼도 아니고 빚부터 지고 시작하는 경우도 허다하다는 것을 알아야 한다.

《세이노의 가르침》이라는 책에는 '보상의 수레바퀴는 천천히 돈다'는 문장이 나온다. 아주 인상적인 이 말은, 인생에서 여러 가지 주요 결정을 내릴 때 마음에 깊이 새길 만한 가치관을 담고 있다는 생각이 든다. 특히 성공이나 자산 축적에 있어 이 문장만큼 핵심을 찌르는 말은 없다.

성공은 한순간에 오지 않는다. 1억을 모으면 인생이 드라마틱하게 바뀔까? 그렇지 않다. 그럼에도 불구하고 우선 1억을 모아보라고 권하는 이유가 있다. 그 과정에서 그 사람의 습관과 사고, 마인드가 점차 변화하기 때문이다. 통장에 있는 1억의 가치는 금전적 가치를 넘어 삶의 변화, 시야의 변화, 관점의 변화를 담고 있는 것이다. 단번에 10억, 100억을 벌 수는 없다. 처음 1억을 모으는 과정에서 역량과 능력을 키워놔야 앞으로 5억, 10억의 자산을 쌓을 수 있는 토대를 마련하게 되는 것이다.

그렇다면 1억을 모으기 위해 가장 필요한 자질은 무엇일까? 바로 인내심이다. 인내와 절제는 모든 일의 기본이자 근본이다. 누구나 이제 막 시작하는 순간에는 막막하고 답답하다. 열심히 노력했고 절약을 실천했음에도 통장에 수백만 원밖에 없다. 언제 1억을 모을지 암담하고, 자산 축적이 까마득하게 느껴진다. 있으나 없으나 한 돈이라고 여겨져 그냥 써버리고 싶어지기도 한다. 그냥 해외여행이나 갔다 올까 고민하거나 명품 가방을 사고 싶어진다. 그럼 즉시 행복감을 느낄 수 있으니까. 친구들을 술자리에서 만나면 이런 이야기가 오고 간다. "그거 몇 푼이나 한다고 아끼냐. 지금 행복한 게 중요한 거야" 나도 들어본 말이다. "뭘 그렇게 아등바등 사냐. 인생 별거 없다"라는 식의 이야기 말이다.

나는 변호사 일을 하며 통장에 수백만 원도 없는 사람들이 생각보다 많다는 사실에 놀랐다. 처음엔 충격이었지만 생각보다 그런 사람들이 많다는 사실을 알게 된 이후부터는 돈을 모으고 미래를 준비하며, 인내와 절제를 실천하는 일은 생각보다 훨씬 어려운 일이라는 것을 깨닫게 되었다.

1억을 모으는 과정은 자기 삶의 전반을 개혁하는 일과 같다. '이번 주 주말에는 어디로 놀러 갈까?'를 고민하던 사람이, 어떻게 돈을 아끼고 부업을 통해 소득을 올릴까를 고민하며 살아가게 된다. 자신의 삶에 대해 위기의식을 느끼고, 더 나은 삶을 위해 노력한다. 자신과 가족을 사랑하기에 미래를 대비하고 싶어진다.

1억을 모으기 위해 노력하면서 결국 인생이 바뀐 내 친구의 이야기를 소개하고 싶다. 이 친구 또한 20대 때는 일을 하고 있음에도 전혀 자산을 축적하지 못했다. 항상 세상에 대해 부정적이었고, 부자들에 대한 질시가 심했다. 무의식적으로 돈을 가진 사람에게 열등감을 느꼈고, 온라인에서 연예인들이 건물을 샀다는 기사를 볼 때마다 악성 댓글을 달았다. '위화감 조성하냐', '이런 기사를 뭐하러 내느냐' 등의 부정적인 댓글을 쏟아내곤 했다. 친구들과의 술자리에서도 늘 부자들에 대한 비판적인 이야기만 늘어놓았다.

나는 그 친구에게 별다른 말을 하지 않았다. 그러다 모임의 다른 친구들도 그를 불편해하고 있다는 사실을 알게 되었다. 결국 우리는 참았던 말을 꺼냈다. "너는 그렇게 불평, 불만만 늘어놓으면서 정작 한 게 뭐야?", "친구들이 다 회사 다니면서 1억씩 모을 동안 년 뭐했냐? 계속 부정적인 얘기만 할 거면 모임에 나오지 마."
그 친구는 꽤 충격을 받은 듯했다. 그동안 우리가 자신을 불편해하고 있었다는 사실조차 몰랐던 것이다. 그날 이후 그 친구는 우리와 계속 어울리고 싶다는 이유 하나만으로 돈을 모으기 시작했다. 어떻게 돈을 모아야 하는지 묻고, 이를 실천하려 노력했고, 일에 대한 태도도 진지해졌다. 자연스레 인내와 절제를 몸에 익히더니, 부정적인 말도 차츰 줄어들었다. 지금 그는 경기도에 아파트 한 채를 보유한 자산가가 되었고, 지금도 더 큰 목표를 향해 나아가고 있다.

1억을 모으려면 1년에 2천만 원씩 저축한다고 해도 5년이 걸린다. 이 기간 동안 꾸준히 일하는 것은 물론이고 절약까지 해야 한다. 이 과정을 버틴 사람이라면 그 이상의 자산 축적도 충분히 가능할 것이다. 절제와 검약, 인내의 태도가 이미 자연스럽게 몸에 배어 있을 것이기 때문이다.

타인의 시선에서
자유로워져라

30대 중반의 여성 A씨는 과거 욜로YOLO 열풍이 불던 20대 후반부터 30대 초반까지 미래에 대한 큰 고민 없이 살았다. 해외여행을 다니고, 각종 취미 생활과 맛집 탐방으로 시간을 보냈다. 의미 있는 현재를 위해 미래를 희생했던 것이다.

A씨는 회사를 퇴직했을 때도 그동안 모아 둔 1~2천만 원으로 유럽 여행을 떠났다. 귀국해서 다시 취직을 했지만, 여전히 저축하지 않고 여행과 호캉스를 즐기기에 바빴다. 계절마다 옷을 사 입어야 했고, 품위 유지와 여가에 대부분의 돈을 썼다. 주변의 친구들 또한 비슷한 소비를 반복하고 있었기에 걱정은 없었다. 그러다 30대 중반에 들어서자 슬슬 불안감이 밀려오기 시작했다. 통장에 돈은 하나도 없고, 20대에 비해 건강이 안 좋아지고 있음을 체감하게 된 것이다.

어느 날 한동안 연락이 되지 않던 친구에게서 연락이 왔다.

20대 때 다른 친구들이 해외여행을 갈 때 혼자 재테크 공부에 열을 올리며 절약하던 친구였다. 그 친구는 30대 중반의 나이에 이미 자기 소유의 집을 가지고 있었고, 최근에는 남편과 함께 미국 주식 투자에 열중하고 있다고 했다. A씨는 겉으로는 축하해주었지만, 속으로는 씁쓸했다. 이미 삶의 격차가 크게 벌어졌음을 체감했기 때문이다.

사람들은 유행에 흔들린다. 심리학자들은 이를 '밴드왜건 효과Bandwagon Effect, 편승효과'라고 부른다. 미국의 경제학자인 하비 라이벤스타인Harvey Leibenstein이 1950년에 발표한 이 네트워킹 효과는, 사람들이 스스로 판단하지 않고 타인들이 많이 하는 생각이나 행동을 추종하는 경향을 설명한다. 밴드왜건, 그러니까 악대차를 따라 몰려드는 사람들의 행렬과 같은 현상을 의미하는 것이다. 욜로 열풍도 결국 타인들의 사고나 행동을 무비판적으로 받아들이는 데서 기인한 것일지 모른다.

소비는 대부분 필요보다 유행에 의해 결정된다. 남들이 먹으면 나도 먹어야 하고, 남들이 입으면 나도 입어야 한다. 헨리 데이비드 소로의 《월든》에는 "우리는 '미의 세 여신'이나 '운명의 세 여신'을 숭배하지 않고 '유행의 세 여신'을 숭배하고 있다"라는 구절이 있다. 소비 본능은 의식주 그 자체보다 남들에게 잘 보이고 싶은 욕망에서 출발한다. 대중으로부터 소외되는 것에 대해 두려움, 남들을 따라하고 소비를 통해 인정받고 싶은 욕구에서 비롯된다. 개인의 자산 축적 관점에서 보면 이는 가장 피해야 할 적이라고 할 수 있다. 부를 이루기 위해서는 타인의 시선으로부터 자유로워져야만 한다.

토마스 J. 스탠리의 《이웃집 백만장자》(윌리엄 D. 댄코 공저)에는 "이 사람들은 백만장자일 리가 없어!"라는 문장이 등장한다. 그러나 실제 부자들은 우리가 영화나 드라마, 각종 SNS에서 접하는 모습과 다르다. 진짜 부자가 되고 싶은 사람들은 부자처럼 보이는 데 관심이 없다. 여기에서의 핵심은, 남의 이목으로부터 어느 정도 자유로울 수 있어야 부를 축적할 수 있다는 단순한 진리다.

인생의 주요 결정은 대부분 20대에 이루어진다. 20대부터 자산을 축적하기 시작한 사람과 30대부터 시작한 사람은 동일한 소득을 전제로 하더라도 결과적으로 큰 차이를 보일 수밖에 없다. 단순한 원금의 차이 때문이 아니라 '복리의 마법'이 작동하기 때문이다. 자산을 관리하고 증식하는 것을 일찍부터 경험하면 자산 격차뿐 아니라 돈을 보는 눈과 시대를 읽는 통찰도 기를 수 있다. 경제적으로 여유 있는 가정의 부모가 자녀에게 어느 정도 재산을 증여해 유년 시절부터 자산 관리를 경험하게 하는 이유다.

모두가 부유한 가정에서 태어나는 행운을 얻을 수는 없다. 일반적인 서민이나 중산층 가정에서 자란 사람들은 보통 사회생활을 시작하는 20대 때부터 자산 축적이 가능하다. 나의 지인은 부모님의 파산으로 대학에 진학하지 못했지만, 자신의 일에 집중하고 자산 축적에 힘썼다. 각종 경제 서적을 독파하고 부동산 경매를 통해 자산을 모았으며, 이후 관련 지식을 대중에게 전하는 전문가가 되었다.

　20대의 생활 방식이 인생 전체에 큰 영향을 미친다. 일을 시작하고 처음 맞이하는 10년을 자기 계발과 자산 축적에 투자할 것인지, 아니면 놀이와 여가에 집중할 것인지의 결정이 훗날의 삶을 결정한다. 만약 20대에 제대로 준비하지 못했다면 지금이라도 당장 시작하라. 과거를 후회하는 것에 그쳐서는 안 된다.

좋은 기회와 사기를
구분하는 방법

A씨는 30대 초반의 직장인이다. 월급은 250만 원 정도로, 월세로 나가는 70만 원을 비롯한 생활비를 쓰고 남는 70만 원 정도를 적금으로 모으고 있다. 그러던 어느 날 A씨는 한 친구를 만나게 된다. 자신은 1년 동안 열심히 저축해도 900만 원이 채 안 되는데, 그 친구는 몇 달 만에 1천만 원을 벌었다며 자랑한다. A씨는 자신의 삶이 초라하게 느껴지기 시작했다. 날로 오르는 부동산 가격을 보며 서울에 집 한 채 마련하는 일도 까마득하게 느껴졌던 A씨는, 결국 쉽게 돈을 벌었다는 그 친구에게 방법을 물었다.

친구는 대출을 받아 5천만 원을 투자한 후 매달 고액의 수익금을 받고 있다고 했다. 의심스러워하는 A씨에게 친구는 수백만 원씩 입금된 통장 기록을 보여주었다. 결국 A씨는 투자를 결정했다. 2년 동안 모았던 2~3천만 원에 대출까지 받아 친구가 연결해준 투자처에 입금했다. 처음 몇 달은 행복했다. 월급을 한 푼 두 푼 모아가며 살았던 지난날이 한심하게 느껴질 정도로 한순간에 고액의 돈이 들어왔다. '인생이 이렇게 쉬운 거였나' 생각하면서 조만간 서울에 집을 살 수 있을 것 같다는 희망도 갖게 되었다. 그러나 그 희망은 얼마가지 않아 절망으로 바뀌게 되었다.

어느 순간부터 A씨의 계좌에 수익금이 입금되지 않았다. 친구에게 물어도 어찌된 영문인지 모르겠다는 말뿐이었다. 투자처에 연락했지만, 모두 책임을 부인하며 오히려 자신들도 피해자라고 주장했다.

더 큰 문제는 따로 있었다. A씨는 그동안 받은 수익금도 저축하지 않고 모두 써버린 상태였다. 수익이 계속 들어올 것이라 굳게 믿고 있었기 때문이다. 당장 회사를 다니고는 있으나 대출받은 돈을 어떻게 상환해야 할지 막막했다. 변호사를 찾아가 상담하고 형사 고소를 진행했지만, 범인은 이미 해외로 도주한 후였다. 결국 A씨에게 남은 건 5천만 원의 대출 빚뿐이었다.

변호사로서 나는 이런 사기 사건을 자주 보게 된다. 폰지 사기Ponzi scheme, 전세 사기, 투자 사기, 로맨스 스캠(연인 관계를 이용한 신용 사기), 대여금 사기 등 유형은 다양하지만 사기의 본질은 같다. 노력 없는 대가를 바라는 이들을 노린다는 것이다.

코로나 팬데믹의 영향으로 시중 유동성이 증가하면서 자산 가격이 급등하며 이른바 '빚투(빚을 내서 투자)'라는 개념이 청년들 사이에 퍼지기 시작했다. 단기간에 큰돈을 벌 수 있다는 환상 때문이다. 이는 대개 지금의 소득이나 삶에 대한 절망에서 비롯되는 경우가 많다. '해봤자 안 된다'는 생각이 무의식에 자리 잡고, 사업이나 근로자로 성공할 자신이 없을 때 사람은 일확천금을 노리게 된다.

물론 빚투로 성공한 사람도 있다. 주로 대학 시절부터 투자에 관심이 많았거나 공대 출신으로 가상화폐를 일찍 접했던 경우다. 이들은 단순히 운이 좋았던 게 아니다. 매일 주식 종목을 연구하고 기업을 분석하거나, 공학 기술의 최전선에 있었기에 기회를 잡은 것이다.

그러나 분수에 맞지 않는 복이 들어왔을 땐 의심해야 한다. 노력 없이 얻은 기회와 이유 없는 소득은 항상 위험하다. 2023년 통계청 자료를 기준으로, 순자산이 10억이면 상위 10%, 30억 원이면 상위 1%에 해당한다. 상위 10%의 부를 원한다면 10명 중 1명 수준의 노력을, 상위 1%의 부를 원한다면 100명 중 1명 수준 이상의 노력을 하고 있는지 자문해보라.

남들과 비슷한 삶을 살며 비슷한 수준의 일을 하고 있다면 특별한 기회는 쉽게 찾아오지 않는다는 사실을 받아들이는 것이 사기 피해를 방지하는 방법이다. 자신을 냉정하게 판단하고 통계를 확인해보라. 온 힘을 다해 노력했기에 기회가 찾아온 것인지, 아니면 누군가가 당신의 돈을 노리고 접근한 것인지 구별할 수 있을 것이다.

가난할수록
돈을 더 모른다

A씨는 20대 중반의 청년이다. 그는 세상을 냉소적으로 바라본다. 세상은 이미 썩었으며, 사회 경제 구조상 가난한 사람이 성공할 가능성은 전혀 없다고 생각한다. 부모님은 월세집에 살고, A씨 역시 가진 게 없다. 주변 지인이 자가를 소유하고 있다고 하면 "와~ 부자네. 네가 밥 쏴라"와 같은 말을 내뱉는다. 그래서 그의 주변에는 돈 있는 사람이 없다.

A씨는 정치에 관심이 많다. 나라가 잘못되어 자신이 망해 간다고 생각하며, 부자들의 이기적 행태나 재벌들의 부도덕한 행동을 보고 분노한다. 집을 가진 사람들의 말에는 귀를 기울이지 않고, 집값이 폭락하기만을 기도한다. 그에게 부자는 모두 적이다.

그는 가난의 원인은, 노력이 부족해서가 아니라 빈부격차에 따른 경제적 모순, 자산 가치의 격차, 소득 불균형 때문이라고 생각한다. 교육 기회의 격차(강남 대치동과 같은 곳에서 사교육을 받지 못했다는 이유), 일할 기회의 격차 때문이라고 말한다. 게다가 이 모든 이야기는 스스로 연구하고 분석한 것이 아니다. 인터넷 커뮤니티의 글, SNS에서 본 것이다.

A씨의 생각이 다 틀린 것은 아니다. 당연히 돈이 없으면 불리한 점이 많다. 이는 실제로 연구 결과를 통해서도 알 수 있는데, 실제로 강남 3구 출신 학생들의 상위권 대학 입학률은 상당히 높다. 다만, 나를 포함해 이러한 환경에서 자라지 못했음에도 사회적으로 성공한 사람들 또한 적지 않다는 것을 항상 기억해야 한다. 실제로 내가 운영하고 있는 유튜브 채널의 댓글에서도 이러한 사례를 심심치 않게 볼 수 있다. 생각보다 많은 부자들이 찢어지게 가난한 환경에서 자라 성공하기도 한다. 지난 해 미국 대선에서 부통령으로 당선된 J. D. 밴스도 비슷한 사례다.

'가난한 사람은 성공할 수 없다'는 믿음을 가진 사람은 실제로 돈이 없으면 아무것도 할 수 없는 인생을 살게 된다. 단순히 돈의 유무보다는 돈이 없음으로 해서 부족해지는 부분은 무엇인지, 약점은 무엇인지를 분석할 수 있어야 한다. 자신의 상황을 객관적으로 생각하고 개선의 의지를 갖는다면, 돈이 아닌 다른 방법으로 문제를 해결하기 위한 노력을 할 수 있기 때문이다.

내가 생각하는 가난의 가장 큰 문제점은 바로 '지식이나 지혜에 대한 접근성'이다. 돈이 없다는 그 자체보다, 돈을 벌 방법을 모른다는 점이 훨씬 큰 리스크라고 생각한다. 자본주의 사회에서는 돈을 벌고 이를 모을 수 있는 지식과 지혜가 있다면 얼마든지 가난에서 탈출하는 것이 가능하다.

가난에서 벗어나려면 부를 얻기 위한 지식을 구하고 이를 실천하기 위한 노력을 해야 한다. 또한 자신의 일을 잘할 수 있는 방법을 늘 고민하고, 세상 돌아가는 일에 관심을 가져야 한다. 그러나 보통 돈이 없는 사람일수록 돈이나 세상에 관심이 없다. 신문이나 활자 매체에 익숙하지 않고 지식에 대한 갈망도 없다. 무언가 공부하는 것을 극도로 꺼리며, 경제 신문도 보지 않는다. 보통은 그의 주변 사람들도 부에 대해 관심이 없는 경우가 대부분이기에 학습의 필요성조차 느끼지 못한다.

부유층과 빈곤층은 주변의 인맥에서 차이가 난다. 그들끼리 서로 밀어주고 끌어주는 상황보다는, 부에 대한 인식의 차이가 크다. 주변 사람들에게서 나오는 마인드와 지식, 통찰이 핵심이다. 가난한 환경에서 자랐다면 이러한 약점을 해결하기 위한 노력이 반드시 필요하다. 경제 신문, 책에 친숙해져야 하고, 주변에 돈에 관심이 있고 잘 아는 사람을 두기 위해 항상 노력하고 그들과 소통해야 한다.

사람들은 새로운 정보를 잘 받아들이지 않는다. 자신이 모르는 이야기는 싫어한다. 새로운 것이 익숙해지는 데는 많은 노력과 시간이 필요하기 때문이다. 부에 대한 지식이나 지혜도 마찬가지다. 사람의 사고 구조는 한순간에 변하지 않고 천천히 변화한다.

현대 사회의 사람들은 평소 즐겨보는 것과 유사한 콘텐츠에만 지속적으로 노출되는 환경에 놓여 있다. 이를 해결하는 방법이 바로 종이로 된 경제 신문이다. 이외에도 의식적으로 다양한 콘텐츠를 접하면서 SNS 플랫폼이 제공하는 알고리즘 밖에서 사고하기 위해 노력해야 한다. 우리가 얻는 정보에 따라 의사 결정의 질이 달라지기 때문이다. 자신의 생각과는 다른 관점이나 정보를 제공하는 콘텐츠는 더욱 의식적으로 봐야 한다. 스스로 생각과 능력이 정체되는 것을 피하기 위함이다. 내가 못하던 것을 잘하게 될 때 능력이 향상되는 법이다.

이제 돈 탓을 하지 말고 내가 만나는 사람들이나 접하는 정보를 돌아보자. 나는 주변 사람과 어떤 대화를 나누고 있는가? 이것이 나의 삶을 발전시키는 데 도움이 되는가? 지식이나 지혜에 대해서, 특히 돈과 관련한 지식에 있어서 열린 마음으로 받아들이려 노력해야 한다. 원하기만 하면 온라인을 통해 양질의 정보를 끝없이 접할 수 있으며, 도서관에서 책을 빌려볼 수도 있을 것이다. 한 달에 1만 원 정도면 다양한 책을 볼 수 있는 전자책 플랫폼도 존재한다. 큰 비용을 들이지 않고 이토록 양질의 정보를 얻을 수 있는 시대는 지금껏 없었다. 이것은 축복이다. 좋은 지식을 선별할 수 있는 능력을 갖춘다면 반드시 기회는 올 것이다.

빛을 청산하기 위한
5가지 방법

A씨는 30대 초반의 여성이다. 견실한 중견기업에 다니면서 300만 원이라는 결코 적지 않은 월급을 받고 있지만, 늘 수백만 원의 카드빚을 지고 있다. 월급을 받으면 모두 카드값으로 빠져나가서 다시 카드로 생활하는 악순환을 이어간다.

그녀는 늘 화려하고 세련된 커리어 우먼의 삶을 동경해왔다. 지금의 투박하고 딱딱한 제조업이 아닌, 개방적이고 자율적인 느낌을 주는 기업 문화를 가진 IT 회사나 트렌디한 마케팅 부서에서 일하는 모습을 꿈꿨다. 전문직에 종사하는 다른 여성들의 브이로그를 보며 자신도 유행을 선도하는 멋진 사람이 되고 싶었다. 하지만 그런 회사의 문은 너무 좁았고, 결국 지금의 제조업체에 입사하게 되었다.

그녀는 꿈꿔왔던 20대 생활과는 전혀 다른 현실에 우울했다. 자신과는 어울리지 않는 회사에 다니고 있다는 느낌을 지울 수 없었다. 제조업이다 보니, 팀원들과 상사들도 남성이 많았고 자신의 생각이나 마음을 이해해주는 사람도 없었다. 그녀는 아침에 일어나면 호캉스(호텔에서 휴가를 보내는 것)할 곳을 알아보고 트렌드를 따라가면서 동경하는 삶에 대한 목마름을 해소하고는 했다. 물론 대가가 따랐다. 월급을 전부 소비하고, 그것으로도 부족해 소액 대출을 받는 등 카드빚도 생겼다. 문제는 그녀가 결혼 준비를 하면서 터졌다. 모아놓은 돈은커녕, 오히려 빚이 있었으니 결혼 비용을 마련하는 데 어려움이 생긴 것이다. 30대 초반이 되어서야 빚을 어떻게 청산할지, 돈은 어떻게 모아야 할지를 고민하기 시작했다.

이런 문제를 가진 여성들은 A씨뿐만이 아니다. 많은 젊은이들이 자신의 형편에 맞는 소비를 하지 못하고 저축은커녕 카드빚을 지게 되는 경우가 많다. 나 역시 과거 개인회생, 파산 상담을 진행하며 이와 같은 사례를 수없이 접했다. 지금부터 이러한 빚을 청산하기 위한 방법을 소개하고자 한다.

첫째, 우선 소비를 자제하지 못하는 본질적인 문제가 무엇인지 파악해야 한다. 대부분의 돈 문제는 돈에 국한되어 발생하지 않는다. 많은 경우가 정서적, 심리적 문제와 관련이 있다. 그렇다면 일시적인 소비나 남들에게 보이기 위한 소비에 너무 큰돈을 쓰는 경우의 문제는 무엇일까? 앞서 A씨는 꿈꾸던 삶을 살지 못하는 것에 대한 스트레스 및 열등감을 소비로 풀고 있었다. 낮아진 자존감을 겉치레를 통해 일시적으로 끌어올리는 것이다. 이때 본질적인 해결 방법은 장기적으로 자신의 자존감을 올릴 수 있는 플랜을 짜는 것이다. 차근차근 해결해야 할 문제를 후다닥 해치우려고 하니 소비로 풀 수밖에 없었던 것이다. 돈 문제는 보통 그 사람의 본질적이고 총체적인 문제에서 기인한다. 삶 전반과 분리하여 생각해서는 해결할 수 없다. 단순히 절약하라는 조언만으로 문제가 해결되지 않는 이유다.

둘째, 가난으로 고생하고 있는 사람을 만나 본다. 인간은 안타깝게도 힘든 상황을 직접 눈으로 확인하고 체감하지 않으면 설득되지 않는다. 나는 과거 봉사활동을 했던 것이 많은 도움이 되었다. 많은 사람들이 자신은 남들이 경험하는 재정적 문제를 겪지 않을 것이라는 낙관적인 기대 속에 살아간다. 이처럼 문제를 직시하지 못해서 발생하는 상황에서는, 눈으로 보는 것만큼 확실한 것이 없다. 실제로 한 연구에 따르면, 인간의 오감 중 시각이 차지하는 비중은 약 80%다. 정보 수집에 있어 가장 중요한 역할을 하는 감각이 시각이라는 것이다. 다른 사람의 삶을 눈으로 보는 것만큼 큰 동기부여는 없다.

셋째, 돈을 모으고 자산을 축적하고 있는 사람들과 만나라. 단순하다. 소비를 줄이고 싶으면 소비를 하지 않는 사람들과 가까이 하면 된다. 그들은 헛돈을 쓰지 않는다. 그런 사람들이 있는 모임에 나가라. 독서모임 같은 것들은 돈도 많이 들지 않는다. SNS는 되도록 끊어야 한다. SNS에는 주로 돈을 많이 쓰고 있는 사람들의 모습이 등장하기 때문이다. 조용히 자산을 축적하고 있는 사람들은 말 그대로 조용히 살고 있다. 이들은 온라인이 아닌 오프라인에 있다.

만약 SNS를 할 것이라면 자산 축적에 관심이 있고 절약에 큰 가치를 두고 있는 채널에 들어가서 자극을 받아라.

넷째, 당장 신용카드를 없애라. 신용카드는 사람들이 현재 돈을 가지고 있지 않아도 소비하게끔 만든다. 카드를 쓰는 것 자체가 빚인데, 급기야 '리볼빙'이라는, 카드 대금 납부 기한을 연장해주면서 이에 고율의 이자를 부과하는 방식도 등장해 사람들의 소비를 더욱 부추기고 있다. 생활비 대출과 같은 소액 대출 상품도 다양하게 제공되는데, 결국 이 모든 것은 카드 회사의 이익을 위한 것이다.

자산을 취득하거나 사업을 하기 위한 것이 아니라면 대출은 받지 마라. 기억하라. 자본주의에서는 돈 있는 사람이 승자다. 무의미한 빚을 만들면 패자가 될 가능성이 매우 높아진다. 승자가 되기 위해서는 많이 벌고 적게 써야 한다.

이를 위해서는 먼저 편하게 소비하게끔 만드는 결제 수단을 차단해야 한다. 가장 대표적인 것이 신용카드다. 각종 페이, 휴대폰 등 소액결제를 용이하게 하는 것들은 한도 설정을 하는 등의 조치를 취해 잘못된 의사 결정을 하지 않도록 환경을 조성해야 한다. 쉽게 쓰면 빨리 망한다.

다섯째, 빚을 갚는 중이어도 소득의 일부는 저축하라. 내 경험상 통장에 잔고가 없으면 일에 대한 의욕이 떨어지게 된다. 열심히 일해도 가시적인 성과가 보이지 않고 삶의 변화가 느껴지지 않기 때문이다. 예를 들어, 한 달에 빚 상환에 쓸 수 있는 여유 자금이

100만 원이라면, 70만 원은 빚을 갚고 30만 원은 따로 저축해 통장에 돈이 쌓이는 것을 볼 수 있도록 하는 것이다. 오히려 이 방식이 빚을 갚는 데 있어 지치지 않을 수 있는 원동력이 된다. 뿐만 아니라 상황에 따라 빚을 갚기 어려운 시기가 올 수도 있다. 이런 경우를 대비하려면, 여유 금액 전부를 빚 상환에 쏟기보다는, 그중 50%~70% 정도만 갚고 나머지는 저축하는 방식이 좋다. 이렇게 계획적으로 실천하면 결국 빚도 다 갚을 수 있게 되고, 자산도 축적할 수 있게 될 것이다.

돈은 자격이 있는 사람에게 온다

무엇이든 그것을 가질 자격이 있는 사람에게 주어지기 마련이다. 사람들은 이 단순한 진리를 잊어버리곤 한다. 가난한 사람이 가난에서 벗어나지 못하는 이유는 단순하다. 돈을 벌 수 있는 능력이 없고, 아직 자격이 부족하기 때문이다. 돈을 아낄 줄 모르고, 어떻게 절약해야 할지 고민도 하지 않기 때문이다. 이 자격이란 것은 자격증 같은 것으로 증명할 수 있는 것이 아니다. 실질적인 역량과 능력을 통해 증명해야 하는 것이다. 이러한 능력은 통장의 잔고나 일하고 있는 분야에서 실력으로 보여주어야 하는 것이다.

유튜브 채널을 시작하고 느낀 것이 있다. 세상에는 성공할 기회가 널려 있다는 것이다. 누군가 아직 성공하지 못했다면 그 기회를 잡을 만한 능력이 부족하기 때문이다. 과거에는 성공하는 데 있어 인맥이 크게 영향을 미쳤다. 물론 지금도 어느 정도 중요하게 작용하는 요소지만, 최근에는 무엇을 하든 온라인 환경이 주를 이루기 때문에 예전만큼 인맥이 중요하지 않다. 소비자의 심리, 알고리즘 등을 파악할 수 있는 능력을 갖추면 얼마든지 기회를 얻을 수 있다. 나 역시 유튜브를 하면서 내가 원하는 콘텐츠가 아닌, 대중이 원하는 콘텐츠를 제공해야 성공할 수 있다는, 어찌 보면 단순한 진리를 체감하게 되었다. 다만 이러한 것들은 머리로만 배우기는 힘들다. 몸소 경험해야 깨닫게 된다. 다시 말하면, 일을 할 때는 자신의 주관적 기준이 아닌, 시장이 요구하는 기준으로 해야 한다는 것이다. 사업을 하는 데 있어 이것은 과거에나 현재에나 변함없는 진리라고 할 수 있다. 유튜브의 장점은 이를 수치로 바로 확인할 수 있다는 것이다. 콘텐츠를 올렸을 때 노출 클릭율과 시청 지속 시간, 지속적인 영상 노출도를 통계로 확인할 수 있어, 사람들이 선호하는 것을 파악할 수 있다. 이를 바탕으로 콘텐츠에 대한 고민을 하게 된 것이 내 인생에 큰 자산이 되고 있다. 이후 내가 일하는 방식이 완전히 달라졌기 때문이다.

한 번은 나의 멘토인 유명 마케팅 기업의 대표님과 식사를 하면서 이에 관한 이야기를 나눈 적이 있다. 사람들이 선호하지 않는, 그들의 기준에 부합하지 않는 콘텐츠는 아무리 오랜 기간, 많은 양을 게시하더라도 의미 있는 성과를 기대하기 어렵다는 것이었다. 이는 상품을 선정할 때도 마찬가지다. 대중이 살 만한 상품이 무엇인지 고민하는 것이 시작이다. 마케팅은 그 다음 문제다.

사람들은 꾸준히만 하면 성공할 수 있을 것이라 착각하지만 절대 그렇지 않다. 꾸준히 하는 것은 기본이다. 계속해서 개선해 나갈 때 성공할 수 있다. 매일 오전 5시에 일어나 똑같은 일을 하는 것이 의미 있는 것이 아니다. 올바른 성장을 위한 자기 계발을 하고, 더 나은 성과물을 세상에 내놓아야 의미가 있는 것이다.

사람들이 좋아하고 인정하는 것은 명확하다. 바로 맡은 일을 잘하는 것이다. 세상에 어떤 사람이 노력만 한다고 좋아해주겠는가. 무언가를 열심히 하는 것은 그것을 잘하기 위함이지, 열심히 하는 자체에 의미가 있는 것이 아니다. 물론 누구나 뛰어날 필요는 없다. 그저 평범하게 살아가는 것이 나쁜 것은 아니다. 다만 부자가 되고 싶다면, 돈은 자격이 있는 사람에게 가게 되어 있다는 것을 명심해야 한다.

또 하나, 일을 잘하는 것만으로 부를 쌓을 수는 없다. 절약 정신과 경제관념도 갖추어야 한다. 사람들은 절약을 별것 아닌 것처럼 생각한다. 경제관념도 개인마다 기준이 모호하다. 하지만 이 모든 것은 단 하나의 기준으로 판단할 수 있다. 지금 당신의 자산이 불어나고 있는지의 여부다. 지금까지 모아놓은 돈과 매 월 정기적으로 모으고 있는 돈의 액수는 그 사람의 다양한 면을 드러낸다. 평소의 소비 습관, 자기 절제력, 더 나아가 지적 능력까지 엿볼 수 있다.

일반적인 직장인의 경우, 소득은 보통 정해져 있다. 소득이 고정적이라면 모을 수 있는 돈은 결국 소비에 따라 달라질 것이다. 부업 등을 통해 부수입을 크게 늘리지 않는다면 말이다.

변호사로서 많은 이들과 이야기를 나누다 알게 된 것이 있다.

사람들이 생각보다 절약하는 일에 어려움을 겪고 있고, 제대로 하지 못하는 경우도 많다는 것이다. 절약에는 생각보다 많은 능력이 요구된다. 어떻게 해야 소비를 줄일 수 있을지를 고민하는 것도 사고 능력에 의해 좌우되고, 동시에 자기 절제력이나 자기 통제력도 요구된다. 같은 성능을 가진 물품을 구매할 때, 어떤 사람은 1만 원으로 해결하고 어떤 사람은 10만 원을 지불한다. 어떤 사람은 옷을 사더라도 세일 기간 등 여러 가지를 고려해 저렴하게 구매하지만, 어떤 사람은 같은 옷도 웃돈을 주고 구매한다. 절약은 판단 능력, 사고 능력의 총체다. 판단하고 사고하고 결정하는 모든 과정에 능력이 필요하다.

즉 경제관념이라는 것을 단순히 그 사람의 생각이나 가치관으로 치부해버리면 안 된다. 다른 사람들보다 적은 비용으로도 비슷한 수준의 삶의 질을 유지할 수 있는 능력은 단순히 우연이나 운의 요소가 아니다. 그 사람의 삶에 대한 실력인 것이다.

문제는 혼자만 절약해서는 부를 쌓을 수 없다는 것이다. 배우자의 역할도 중요하다. 토마스 J. 스탠리는 《이웃집 백만장자》라는 책에서 배우자의 경제관념이 자수성가 부자들의 필수적인 요소라고 말한다. 요즘처럼 소비를 권장하는 사회에서는 경제관념이 있는 현명한 배우자를 만나 결혼하는 것도 능력이다.

다른 사람들이 비관적으로 세상을 바라보며 부자의 삶을 포기할 때도, 사람들이 사치품을 자랑하며 소비를 부추길 때도, 흔들리지 말고 자신의 원칙을 지켜라. 부는 단순한 운이 아니라, 경제적 사고방식과 실천의 결과물이다. 결국, 경제관념은 개인의 선택이 아니라, 경제적 자유를 위한 필수 역량이다. 그 능력을 갖춘 사람만이 안정과 풍요를 손에 넣을 수 있다는 것을 잊지 말라.

인생 컨닝페이퍼 — 돈

1. 돈의 본질을 이해하라
- 돈은 단순한 숫자가 아니라, 삶 전체에 관여하는 필수 요소다.
- 돈의 유무가 당신의 인간관계, 주거 환경, 자녀의 미래까지 결정한다.
- 수입에 맞는 생활 수준을 유지하라.

2. 돈에 대한 착각을 버려라
- '돈은 언제든 마음만 먹으면 모을 수 있다'는 착각에서 벗어나라.
- 자산 축적은 단순한 숫자의 문제가 아니라, 절제력, 지적 능력, 사고력의 총체적 결과다.
- 소비 습관과 경제관념은 단기간에 바꾸기 어렵다. 20대에 형성된 소비 패턴은 평생 영향을 미친다.

3. 돈을 직접 경험하라
- 돈은 직접 벌어보고 관리해봐야 그 가치를 알 수 있다.
- 어릴 때부터 노동과 돈, 저축의 관계를 체험하며 배워야 한다.
- 공짜로 주어지는 돈은, 돈에 대한 지식과 이해를 길러주지 않는다.

4. 작은 목표부터 시작하라
- 1억 모으기는 절약 습관과 자산 관리 능력을 기르는 총체적 과정이다. 금액 자체보다 과정에서 얻을 수 있는 삶의 습관이 중요하다.

- 1억의 의미는 그것을 모으는 과정에서 얻는 사고방식과 능력의 변화를 뜻한다.
- '보상의 수레바퀴는 천천히 돈다.' 인내와 절제가 부의 기본이다.

5. 타인의 시선에서 자유로워져라

- 소비는 필요보다 타인의 시선과 트렌드에 영향을 받는 경우가 많다.
- 진짜 부자는 부자처럼 보이는 데 관심이 없다. 분수에 맞게 살아라.
- 20대의 선택(소비vs저축)이 30대 이후의 삶을 결정한다. 초기의 작은 차이가 시간이 지날수록 큰 격차를 만든다.

6. 기회와 사기를 구분하라

- 분수에 맞지 않는 복이 들어온다면 의심하라.
- 노력 없이 얻은 기회와 이유 없는 소득은 항상 위험하다. 비상식적 수익률을 약속하는 투자는 대부분 사기다.
- 남들과 비슷한 삶을 살면서 특별한 결과를 기대하지 마라.
- 돈을 빨리 벌 수 있다는 유혹에 넘어가지 마라.

7. 지식과 정보를 갖춰라

- 가난의 진짜 원인은 돈의 유무보다 돈에 대한 지식과 정보의 부재 때문이다.
- 부자가 되고 싶다면 경제 신문과 책을 읽어라. 돈에 관심 있고 지식이 있는 사람들과 대화하라.

- 돈에 관한 좋은 정보에 노출되는 환경을 의도적으로 만들어라. 금융 세미나, 투자 모임, 재테크 강좌에 참여하라.

8. 빚을 청산하라

- 소비를 통제할 수 없다면 문제의 본질적 원인(심리적, 정서적 요인)을 파악하고 해결하라.
- 가난으로 고생하는 사람들의 현실을 직접 보고 체감하라.
- 돈을 모으고 자산을 축적하는 사람들과 교류하라.
- 신용카드, ○○페이 등 쉽게 소비하게 만드는 결제 수단을 차단하라.
- 빚을 갚으면서도 일부는 저축하여 돈이 쌓이는 것을 보면서 스스로 동기부여하라.

9. 부자가 될 자격을 갖춰라

- 돈은 그것을 가질 자격이 있는 사람에게 온다. 자격이란 돈을 벌고, 관리하고, 불리는 능력의 총체다.
- 당신이 아닌 세상이 원하는 기준으로 일하라. 지속적으로 개선하라.
- 부는 단순한 운이 아니라 경제적 사고방식과 실천의 결과물이다. 행운은 준비된 사람에게 찾아온다.

2장 — 사람

기회는 사람에게서 온다

착한 것과
호구는 다르다

A씨는 40대 후반의 건실한 남성이다. 그는 나름대로 열심히 살고 있다고 자부한다. 자신을 위해 돈을 많이 쓰지도 않고, 성실히 일해서, 동료들 사이에서도 좋은 평을 듣고 있다. 취미라고는 집에서 영화나 드라마를 보는 것이 전부다. 아이, 아내와 함께 행복하게 살기 위해 노력하고 있다.

그러나 늘 돈이 모이지 않는다. 그 이유는 A씨가 다른 사람의 부탁에 약하기 때문이다. 이를 아는 친구들은 급전이 필요할 때면 늘 A씨부터 찾는다. 친구들이나 주변 지인들의 요청을 거절하지 못해 매번 돈을 빌려주는 바람에, 정작 A씨의 가정을 위해 쓸 돈은 없다. 집안의 곳간이 비어가는데, 남들 주머니만 채워주는 것이다.

A씨에게는 가족보다 타인에게 보이는 모습과 평판이 더 중요하다. 가족이나 친척에게 끌려다니고 이용당하면서도 "부탁하는데 그럼 어떻게 해?"라고 대답할 뿐이다. 심지어 몰래 대출까지 받아

도와준 것을, 아내는 빚 독촉장을 받고 나서야 알게 되었다.

A씨의 자녀들은 가정 형편을 이유로 사교육도 받지 못하고 있는 상황이다. A씨의 소득은 동년배 친구들에 비해 적지 않지만, 항상 주변인들에게 빌려주거나 지원해주다 보니 늘 돈이 부족하다. 결국 아내는 아이들의 학원비를 벌기 위해 밤에 대리운전을 하게 되었다. A씨는 가족에게 쓰는 돈은 아까워하면서도 주변에는 돈을 퍼주고, 갚지 않아도 독촉하지 않는다. 친구들과의 식사 자리에서도 늘 자신이 나서서 계산한다. 이제 친구들도 그것을 당연하게 여긴다.

주변인들에게 A씨의 평판은 매우 좋다. 그들은 A씨의 아내에게 "착한 남편을 만나서 행복하겠다"라고 말하지만, 정작 아내는 행복하지 않다. 제3자가 보는 모습과 함께 사는 사람이 보는 모습은 다르기 마련이다.

어느 날 A씨의 오랜 친구가 찾아와 사업 자금이 필요해서 대출을 받으려고 하는데 보증인이 되어줄 수 없겠느냐며 간곡히 부탁한다. A씨는 이미 많은 대출이 있었지만, 금방 갚겠다는 친구의 약속에 자신의 집을 담보로 내어준다. 이때 A씨를 '물상보증인'이라고 한다. 친구가 돈을 갚지 않으면 A씨의 집이 넘어가게 되는 것이다.

그리고 불길한 예감은 현실이 되었다. A씨의 아내는 집이 경매에 넘어갔다는 통지서를 받고 아연실색한다. 이사를 가야 해서 아이들이 다니는 학교마저 옮겨야 할 상황에 막막하기만 하다.

이런 '과도하게 착한' 사람들은 많은 가정 문제의 근원이 된다.

자기가 잘못한 일이 없는데도 인생이 꼬인다면 주변인들을 정리해야 한다. 이런 경우에는 보통 가족, 친척, 친구들로 인해 문제가 발생하기 때문이다.

삶에서 자기 존중은 행복의 전제 조건이다. 당신에게 무엇이든 쉽게 부탁하는 사람들은 당신을 존중하지 않는 것이다. 이런 사람들에게 시간과 자본을 할애할 이유는 없다. 가족이든 오랜 친구든 마찬가지다. 착하게 산다는 것은 대접받기보다 대접하는 삶일 가능성이 높다. 세상 사람들은 착한 사람을 선망하기보다는 이용하려 드는 경우가 많기 때문이다.

물론 의미 있는 관계에는 아낌없이 투자하고 도움을 주는 것이 좋다. 이것이 우리가 돈을 버는 이유이기도 하다. 그러나 누군가 도움을 요청할 때는 먼저 곰곰이 생각해봐야 한다. 이 사람이 나의 삶에 어떤 긍정적인 영향을 주었고, 앞으로 줄 가능성이 있는지를.

돈을 빌리러 오는 사람들은 대부분 돈을 관리하고 축적하는 능력이 부족한 경우가 많다. 그들은 빌린 돈으로 급한 불을 끄고는, 여행을 가거나 비싼 물건을 사기도 한다.

'나는 거절을 잘 못해서…'라는 말은 자기 존중감이 없다는 뜻이다. 인생의 중요한 결정에서 거절조차 못하는 사람이 어떤 일을 제대로 할 수 있겠는가? 남의 부탁을 들어주지 않을 때는 죄책감을 느끼면서 정작 자신의 삶에 죄책감을 갖지 않는 이유는 무엇인가?

착하게 살려는 노력은 사기당할 준비가 되어 있다는 뜻과 같다. 선한 사람과 호구 사이에서 나는 과연 어떤 사람인지 분별력을 키우고, 단순히 타인에게 잘보이려 하기보다는 현명한 사람으로 인정받기 위해 노력해야 한다.

　우리는 거절하는 법을 배워야 한다. 자기 주관을 가지고 "NO"라고 말할 수 있어야 한다. 이것이 더불어 사는 삶에서 가장 먼저 익혀야 할 기술이다.

멀리해야 할 사람의
3가지 유형

　　몽골 부족을 결집하고, 역사상 가장 넓은 영토의 대제국을 건설했던 징기스칸은, 작은 부족에서 시작해 대제국을 이루기까지, 그리고 서방 원정을 성공적으로 진행하기까지 엄청난 시련과 고통을 겪었다. 평생 생존을 위해 경계하며 살아야 했던 그는 '배신하지 않을 사람'과 '언제든 배신할 수 있는 사람'에 대한 구분을 굉장히 잘했던 것으로 알려져 있는데, 비단 징기스칸만의 이야기가 아니라 자신의 삶을 건설적으로 살아가려 노력하는 사람들에게 있어 사람을 분별하는 안목은 매우 중요하다. 언제든 자신이 쌓아올린 것들이 다른 사람에 의해 한순간에 무너질 수 있기 때문이다. 인생에서 성공이나 행복을 위해 멀리해야 할 사람의 유형은 다음과 같다.

　　첫째, 돈에 미친 사람은 멀리 해야 한다. 돈을 좋아하고 재정적 목표가 있는 사람은 성공을 위해 노력히는 긴전한 열정을 가진 사람이다. 그러나 돈에 미친 사람은 단기적 이익에 집착하여 언제든 타인을 배신할 가능성이 높다. 예를 들어, 당신이 살인죄로 누명을 썼는데 유일한 알리바이가 함께 있던 친구 A의 진술이라고 가정해 보자. 누군가 A에게 위증하면 100억을 주겠다고 제안한다면, 과연 A는 이를 거절할 수 있을까? 현실적으로 이런 제안을 거절할 수 있는 사람은 많지 않다.

　조금 극단적이지만 이러한 상황을 한번 상상해보라는 것이다. 이때 친구가 당신을 배신하지 않으려면, 금전적인 가치보다 당신의 가치를 더 소중히 여기거나, 준법정신이 투철하거나, 자신의 능력으로 충분한 자산을 축적했거나, 할 수 있다는 자신감이 있는 사람이어야 할 것이다. 즉 친구에 대한 애정 이상으로 자신에 대한 확신과 신념이 있어야 배신하지 않을 가능성이 높다. 그러니 친구가 자신의 인생이나 삶에 있어 가치관이 제대로 정립되어 있는지, 순간적인 이득에 따라 움직이는 사람은 아닌지 잘 판단해보아야 한다.

　둘째, 자신의 욕망에 솔직하지 않은 사람을 멀리하라. 내면에 욕망이 있으면서도 겉으로는 다르게 행동하는 위선적인 사람들은 신뢰하기 어렵다. 변호사로 일하며 많은 배신 사례를 접해본 결과, 배신하는 사람들은 대부분 스스로를 선하다고 믿으며 행동을 합리화하는 경향이 있다.

　인간은 본질적으로 권력, 돈, 아름다움에 약하다. 이러한 욕망을 잘 이해할수록 자기 자신과 내면의 가치관을 더 명확히 파악할 수 있다. 욕망에 솔직하지 못한 사람들은 세상이 돌아가는 방식을 제대로 이해하지 못하고 타인의 생각도 파악하지 못한다. 반면, 인간의 본능적인 취약함을 인정하는 사람은 오히려 대중에 대한 더 깊은 이해와 관계 형성에 능하다.

셋째, 세상을 이분법적으로 보는 사람을 멀리하라. 생각보다 많은 사람들이 세상을 흑백논리로 나누어 내 편과 남의 편으로 구분한다. 이런 사람들은 자신과 다른 의견을 가진 사람에게 쉽게 등을 돌릴 가능성이 높다. 그들은 다양한 관점을 통해 배우기보다는 그저 자신의 생각만 인정받고 싶어 한다.

헤르만 헤세의 소설 《데미안》에는 밝은 세계와 어두운 세계가 대비되어 나타난다. 악의 어두운 면을 인정하고 경험할 때 비로소 진정한 세계를 접할 수 있다고 설명한다. 소설 속 상징적인 문장인 '자기 자신이 되려는 자는 모두 알을 깨고 나와야 한다'는, 자신의 사고에 반하는 세계를 접하고 고통스러운 변화와 성장의 과정을 겪을 때 비로소 진정한 자아를 찾을 수 있다는 것을 의미한다.

세상에는 선과 악이 모두 존재한다. 이를 이해하려는 노력이 현명한 삶의 핵심이다. 흔히 '사람을 가리면 안 된다'라고 하지만, 진정으로 의미 있는 삶을 위해서는 이분법적 사고에 갇혀 자신의 욕망을 인정하지 못하는 사람들을 멀리하는 것이 좋다. 자신의 내면과 타인의 복잡성을 함께 이해할 수 있는 사람들과 관계를 맺는 것이 중요하다.

사람의 진짜 인성이
드러나는 순간

    그 사람의 진짜 모습을 파악하고 싶다면, 삶에서의 몇 가지 상황을 살펴봐야 한다. 사회에서 만나는 사람의 본심을 알기는 매우 어렵다. 인간은 여러 개의 페르소나를 지니고 있기 때문이다. 페르소나persona 란 심리학에서 사용하는 용어로, 본래 그리스의 고대극에서 배우들이 쓰던 가면을 일컫는다. 현재는 심리학에서 타인에게 비치는 외적 성격을 나타내는 용어로 알려져 있다. 인간은 타인에게 내보이는 성격과 홀로 있을 때의 성격이 다르기 마련이다. 다만, 몇 가지 상황에서 진짜 모습이 드러나기도 하는데, 다음의 3가지 경우를 살펴보면 그 사람을 이해하는 데 도움이 될 것이다.

    첫째, 결혼 생활을 보라. 가정은 그 사람의 매우 내밀한 영역이다. 그렇기 때문에 결혼 생활이 원만한지를 살펴보면 그 사람의 본모습을 알 수 있다. 인간은 영원히 가면을 쓰고 있을 수는 없다. 그리고 이러한 가면을 벗을 수밖에 없는 순간 중 하나가 바로 자기 집에 있을 때다.

결혼을 하면 배우자에게는 본인의 모습을 숨기기가 어려워진다. 집에서 쉬는 순간에도 계속 가면을 쓰고 있을 수는 없으니까. 집에서는 자신의 진짜 모습이 드러날 수밖에 없다. 특히 가장 가까운 관계인 배우자와 나누는 대화와 공유하는 생각 속에 그 사람의 진짜 모습이 담겨 있을 가능성이 높다. 배우자나 가족을 어떻게 대하는지를 보면, 그 사람의 인성을 가늠할 수 있다. 또한 그 사람의 능력이나 안목도 유추할 수 있다. 그 사람이 평소에 하는 말이 아니라, 인생의 중요한 순간에 직접 내린 결정을 보면 그 사람의 진면목을 알 수 있다. 예를 들어 평생을 함께할 배우자로 어떤 사람을 선택했는지를 보면 사람을 보는 안목을 확인할 수 있다. 실제로 사업가나 사회문화계 인사들은 부부 동반 모임을 갖는 경우가 많다. 이때 배우자의 인품에 따라 그 사람에 대한 신뢰도가 높아지거나 낮아지기도 하는 것이다.

둘째, 그 사람이 성공했을 때의 모습을 살펴라. 사람들은 성공한 후에 진정한 본성을 드러내는 경향이 있다. 더 이상 자신을 억제할 필요가 없는 환경에서는 그동안 숨겨왔던 성향이나 욕구가 자연스럽게 행동으로 표출되기 때문이다. 어떤 사람은 그동안 마지못해 해왔던 일에서 벗어나기도 하고, 또 다른 사람은 자신이 진정으로 원했던 것이 단순한 결핍에서 비롯된 욕구였음을 깨닫게 된다. 언제든 고가의 외제차를 구매할 수 있는 경제력이 생기면, 오히려 그런 사치품에 대한 소비 욕구가 사라지고 완전히 다른 가치에 관심을 갖게 되기도 하는 이유다.

성공을 지속시키지 못하는 사람들 중에는 과도하게 자신의 욕망을 억누르며 성장해온 경우가 많다. 성공 후에는 돈으로 그동안의 욕구와 결핍을 충족하게 되면서 절실한 목표 의식이 사라져버리고 마는 것이다. 절약하며 한걸음씩 성공을 일궈온 사람이 어느 정도 경제적 여유가 생기자 사치, 이성 교제, 음주와 유흥에 빠져 시간을 낭비하게 되는 것이 전형적인 사례다.

성공에 있어 운은 중요한 요소임이 분명하다. 하지만 이를 지속시키기 위해서는 실력이 필요하다. 끊임없이 노력하며 정진할 수 있는 사람은 극소수에 불과하다. 자신이 다른 사람보다 우월하다고 느끼는 순간, 오만과 자만의 함정에 빠지기 쉽다. 이때부터 겸손함은 사라지고 인간관계에서 적을 만들기 시작하면서 어렵게 들어선 성공의 길에서 이탈하게 될 가능성이 높아진다.

셋째, 그 사람이 혼자 있을 때, 특히 온라인에서 자신의 생각이나 의견을 드러낼 때의 모습을 보라. 사람들은 온라인에서 익명성을 이용해 평소보다 솔직한 내면을 드러내는 경향이 있다. 상대방이 누구든 무례한 언행을 하거나, 평소에 억눌러왔던 정치적 견해를 거침없이 표출하기도 한다. 오프라인에서는 사회적 시선 때문에 억제했던 행동들을 온라인에서는 제약 없이 드러내는 것이다.

은밀히 온라인에 올리는 글에는 대개 그 사람의 실제 생각과 성향을 파악할 수 있는 힌트가 가득 담겨 있다. (연예인이나 인플루언서가 생계를 위해 콘텐츠를 올리는 경우는 예외다.) 영화 《완벽한 타인》이 이러한 주제를 다루고 있는데, 휴대전화의 문자와 전화 통화 내용을 친구들과 공유한다는 콘셉트만으로 여느 스릴러 못지않은 긴장감을 자아내 화제를 모았다. 당신의 문자나 통화 내용을 다른 사람과 공유한다고 상상해보라. 당당할 수 있는가? 휴대전화의 기록을 공개하는 것은 자신의 비밀과 치부를 모두 드러내는 것과 같다.

최근에는 누군가에 대해 알고 싶을 때, 먼저 온라인에서 그 사람의 아이디나 이름을 검색해보는 것이 일상이 되었다. 그러니 자신의 생각이 노출되는 것을 꺼린다면 온라인에 글을 남기는 행위는 자제해야 한다. 철학자 한병철의 《투명사회》에서도 이러한 사회적 현상에 대해 언급하고 있다. 과거는 권위주의 정부가 강제로 개인의 비밀을 침해하고 감시하던 시대였다면, 이제는 사람들이 스스로 자신의 생각을 인터넷에 게시하는 '투명사회'가 되었다는 것이다.

결국 사람의 진정한 인성은 결혼 생활, 성공 후의 태도, 그리고 온라인에서의 언행을 통해 드러나며, 이러한 순간들을 주의 깊게 관찰함으로써 우리는 타인의 가면 너머에 있는 실제 모습을 더 분명하게 볼 수 있게 된다.

도움받을수록
더 가난해진다

A씨는 일을 쉰 지 오래다. 국가 지원과 가족, 친지의 도움으로 살아가고 있다. 이제는 일하는 법을 잊어버렸다. 구직 사이트나 지방자치단체에서 제공하는 일자리 정보를 검색해보면 분명 할 수 있는 일이 있을 텐데도, 전혀 의욕을 보이지 않는다. 일을 하지 않아도 살아가는 데 지장이 없기 때문이다. 임대주택에 거주하면서 소정의 생계비를 지원받고 있고, 친척들도 조금씩 생활비를 보태주고 있다.

A씨는 모순적이다. 국가와 주변 사람들의 도움으로 살아가면서도 그들에게 늘 불만이 많다. 사회가 자신을 인정해주지 않는다는 분노와 외면당하고 있다는 깊은 상실감을 느낀다. 자신은 능력이 있지만, 사회가 썩어서 피해자가 되었다고 생각한다. 국가의 지원도 늘 충분하지 않다고 여긴다.

A씨는 타인을 돕지는 않지만, 다른 사람들은 반드시 자신을

돌보고 도와주어야 한다고 믿는다. 그 이유에 대해서는 고민하지 않는다. 그저 세상이 잘못되었고, 잘 사는 사람들은 당연히 약자를 도와야 한다고 생각한다. 이런 생각을 하며 A씨는 오늘도 집에 누워 TV를 보고, 국가를 비판하는 SNS 콘텐츠를 시청하고 있다.

인간은 모순의 동물이다. 혹시 누군가가 조금만 날 도와준다면 더 힘을 내 열심히 할 수 있을 것이라고 생각하는가? 만약 정말로 사람들이 도움으로 인해 변화할 수 있다면, 우리는 더 이상 사회 문제를 고민할 필요가 없을 것이다. 지원만 해주면 모든 문제가 해결될 테니까.

그러나 실제 세상은 그렇게 작동하지 않는다. 지원만 해주면 모두의 삶이 바뀔 것이라고 생각한다면, 인간의 동기부여 체계에 대해 오해하고 있는 것이다. 주변의 지원이 없어 실패하는 경우도 있을 수 있지만(사실 개인적으로는 이 말도 믿지 않는다), 오히려 도움이 인간을 망치는 경우가 훨씬 많다.

삶은 정직하다. 자신이 노력하고 쌓아올린 만큼 성장한다. 그 과정 속에 인간은 배우고, 깨닫고, 발전한다. 그러나 무상 지원에 익숙해지면 고통과 노력을 통해 깨우쳐야 할 것들을 배우지 못하게 된다. 돈을 버는 과정에서 요구되는 인내와 절제, 책임감을 체득할 기회를 잃는다. 일을 하며 얻게 되는 기술과 노하우를 갖지 못한다.

사회 복지라는 '안전망'은 누군가의 도전을 북돋울 수도 있지만, 도전 의지 자체를 앗아갈 수도 있다는 점을 기억해야 한다. 그래서 복지는 그 사람의 성장과 자립을 돕는 교육 중심의 방식이 바람직하다. 단순한 현금 지원은 오히려 노력이나 극복 의지에 악영향을 끼칠 수 있다는 것을 알아야 한다.

무상 지원을 받다 보면 소비만 늘어나는 경우가 많다. 인간은 자신이 힘들게 번 돈에 대해서만 가치를 느낀다. 쉽게 얻은 돈은 쉽게 소비할 가능성이 크다. 돈을 관리해야 한다는 의지가 약화되기 때문이다. 예를 들어 200만 원을 버는 사람에게 50만 원을 지원하면 총 소득은 250만 원이 된다. 이 추가 소득으로 자산을 형성하면 좋겠지만, 보통은 50만 원 상당의 소비가 증가할 가능성이 더 높다. 최근 국가경제연구소NBER의 기본소득 연구에서도 이런 경향이 드러났다. 한국의 '기초생활수급자 계층 이동' 연구에 따르면, 도움을 받는 기간이 늘어날수록 수급자에서 탈출할 확률이 감소하는 것으로 나타났다.

나는 임대아파트 제도에 대해서도 조금 회의적인 생각을 갖고 있다. 임대아파트의 낮은 생활비에 익숙해지면 소비 지출이 늘고, 자칫 자산 축적 의지도 약해질 수 있기 때문이다. 또한 임대아파트보다 더 나은 주거환경으로 옮기려면 훨씬 많은 돈이 필요하기 때문에 현재 상황에 안주하고 더 나아가기 위한 노력을 포기하게 될 수도 있다. 인간은 현재 자신이 누리는 것보다 삶의 질이 낮아지는 것을 두려워하기 때문이다.

'공짜'는 단기적으로는 이득이지만, 내면과 사고에 점차 영향을 준다. 받는 것에 익숙해져 더 이상 지원이 없으면 억울함을 느낀다. 적은 돈으로 살아내는 힘이 약화되며, 나의 고통을 누군가 알아주어야 한다고 생각하게 된다. 스스로 삶을 개척하기보다 누군가의 지원에 의존하며 살 가능성이 높아지는 것이다.

신혼부부 임대주택 등의 제도도 잘 활용하면 목돈을 마련할 기회가 될 수 있지만, 잘못하면 씀씀이만 높아지고 자가 소유에 대한 의지가 약화될 수 있다. 일정 소득이나 자산 수준 이상이 되면 지원 대상에서 제외되기 때문에 지금 이상의 자산 및 소득 향상의 노력을 하지 않게 된다.

어려운 사람들에게 복지 혜택을 제공하면 삶을 개선하는 데 무조건 도움이 될 것 같지만, 실상은 그렇지 않다. 저소득층이 계속해서 그 상태에 머물도록 만들 수도 있다는 것이다. 과거 절대적 빈곤 시대에는 구휼 정책이 의미가 있었지만, 지금 일을 할 수 있는 20~30대가 현금성 지원에 익숙해지는 것은 위험하다. 내 지인 중 어려운 상황을 극복한 친구들을 살펴보면, 교육 관련 장학금 외에는 현금성 지원에 의존하기보다 스스로의 노력으로 조금씩 자산을 쌓아올린 경우가 많다.

조금 힘들더라도 쉬운 길을 선택해서는 안 된다. 스스로의 힘으로 아주 작은 집의 월세나 고시원에서 시작해 하나하나 쌓아 올리며, 이 과정에서 생존에 필요한 역량을 키우고 더 나은 미래를 고민해야 한다.

인간은 환경의 동물이다. 자유의지도 환경에 큰 영향을 받는다. 아이러니하게도 가난한 사람이야 말로, 초반에는 많이 힘들더라도 조금씩이나마 자신의 순수한 노력으로 자산을 축적해 나가는 경험이 필요하다. 이를 통해 희망을 발견하고 더 나은 삶을 추구할 수 있게 되기 때문이다. 단순히 지원만으로 사람이 나아지는 경우는 거의 없다. 그 사람의 본성이 변하지 않는 한, 지원금은 헛되이 쓰이게 될 것이다.

변호사로서 정부 지원사업에만 의존하는 창업가들을 상담할 때가 있다. 나는 이런 사람들이 사업을 성공시키는 경우를 거의 보지 못했다. 진정한 성장은 자신의 노력에서 나오기 때문이다.

이런 사람과는
인연을 끊어라

인생에서 반드시 멀리해야 할 사람들 중 가장 위험한 존재는 바로 사기꾼이다. 이들은 당신의 인생을 좀먹고 파멸로 이끌 수 있는 치명적인 존재다. 만약 당신이 사업을 한다면 이들을 더 자주 만나게 될 것이다. 일반적인 직장인이나 공무원이라면 퇴직 후 목돈을 들고 있는 당신에게 접근하는 사람들을 경계해야 한다. 그들은 당신이 세상 물정을 모른다고 말하며 고수익 투자라는 미끼로 현혹할 것이니 반드시 주의해야 한다.

특히 기억해야 할 것이 있다. 바닥부터 올라간 경험이 없는 사람이라면, 자신이 똑똑하거나 현명하다는 오만함을 버려야 한다는 점이다. 내가 변호사로 일하며 느낀 것은, 세상은 정말 냉혹하다는 것이다. 당신의 돈을 빼앗기 위해 혈안이 된 사람들이 지천에 널려 있다.

그동안 안정적으로 직장에서만 일을 해왔다면 더욱 조심해야 한다. 이는 전문직 종사자들도 마찬가지다. 평생 월급만 받으며 생활했던 사람들은 세상의 냉혹함을 제대로 알지 못하는 경우가 많다.

사기꾼들의 주요 타깃은 현금을 보유한, 세상 물정 모르는 사람들이다. 막 퇴직한 공무원, 군인, 교사가 대표적이며, 변호사나 의사 같은 소위 말하는 공부만 한 샌님들도 자주 피해를 입는다. 의외라고 생각하겠지만, 변호사도 사기를 당한다. 이는 지식의 문제가 아니라 경험과 욕심의 문제이기 때문이다. 평소 계약서를 꼼꼼히 검토하던 변호사도 욕심에 눈이 멀면 기본적인 내용조차 제대로 확인하지 않고 돈을 송금하는 경우가 있다. 누구든 사기를 당할 수 있다는 점을 명심하라. 인연을 끊어야 할 사람들은 다음과 같다.

첫째, 흙수저 출신으로 큰 부를 이루었다고 자랑하면서 재산을 과시하는 사람이다. 남자는 주로 차, 시계, 고급 주택을 자랑하고, 여성은 귀금속, 명품 가방 등을 뽐낸다. 진짜 부자들이 이렇게 자신의 재산을 자랑할 이유가 있을까? 물론 최근에는 당당히 스스로 일구어낸 자산을 공개하는 젊은 부자들이 많다. 원래 부유한 환경에서 자란 사람이 자신을 드러내는 과정에서 자연스럽게 부각될 수도 있다. 그런 것들이 다 나쁘다는 것은 아니다. 그러나 흙수저에서 시작해 자력으로 성공한 대부분의 사람들은, 돈 자랑은 삼가는 것이 현명하다는 것을 경험으로 알고 있다. 부를 자랑하면 이상한 사람들만 꼬이고 사기꾼들의 표적이 되기 쉽다. 그래서 자수성가한 부자들은 점차 말과 행동을 조심하게 된다.

또한 자수성가한 사람들은, 성공 과정에서 어릴 적 친구들과 점차 가치관과 목표의 차이를 느끼게 된다. 이들이 성공 후에 옛 친구들을 만나면, 자신처럼 더 나은 삶을 위해 노력한 사람이 소수였음을 깨닫게 되고, 자신의 성공을 이야기하는 것이 상대에게 박탈감만 준다는 사실을 경험하게 된다. 그래서 그들은 처음에는 부를 자랑하다가도 곧 그런 행동을 멈추게 된다.

반면 흙수저 출신이지만 부를 이루었다고 끊임없이 자랑하는 이들 중에는 당신의 돈을 노리는 사람도 있다. 그들은 과시를 통해 선망과 신뢰를 받은 후 투자를 유도한다. 실제로 내가 담당한 많은 사기 사건이 이런 방식으로 이루어졌다. 이러한 사기꾼들은 자신에게 매료된 사람들을 마치 영업사원처럼 만들어 그들 주변인들에게도 영업을 하게 만든다.

둘째, 자신만 따라오면 쉽게 돈을 벌 수 있다고 말하는 사람이다. 물론 실제로 가치 있는 강의를 제공하는 진짜 전문가도 있다. 나도 마케팅 공부를 위해 유료 강의를 듣고 도움을 받은 적이 있다. 그러나 자신에게 돈을 맡기면 큰 수익을 얻을 수 있다고 말하는 사람은 반드시 조심하라. 가장 흔한 것이 투자 사기다.

스스로의 노력 없이 타인에게 맡겨서 돈을 버는 것은 극소수의 행운아만 가능하다는 점을 명심하라. 현실적으로 그런 행운이 당신에게 올 확률은 매우 낮다. 돈 버는 일은 결코 쉽지 않다. 단시간에 큰돈을 벌 수 있다는 기회가 찾아오면 의심부터 해야 한다.

기본적으로 돈 벌기가 쉽다는 생각은 버려라. 나는 리스크 없이 돈을 불려준다는 누군가의 말만 믿고 투자했다가 사기를 당한 사례를 수없이 보았다. 부는 쉽게 축적되지 않는다. 이는 마치 수학 문제 하나를 풀고 수능 만점을 기대하거나, 단 일주일의 운동으로 근육질 몸매를 얻으려는 것과 같은 환상에 불과하다.

진정한 부의 축적은 투자든, 사업이든, 직장 생활이든 기초부터 차근차근 실력을 쌓아가는 과정으로 이루어진다. 능력과 실력은 하루아침에 생기지 않는다. 투자에 필요한 담대함과 냉철한 판단력도 모두 실력의 영역이다.

셋째, 무엇이든 쉽게 이룰 수 있다고 말하는 사람들이다. 이들은 당신의 돈을 노리지는 않지만, 당신의 정신을 오염시킨다. 아무것도 이루지 못한 사람들이 오히려 다른 사람의 일은 쉽게 판단하고 단정 짓는다. 이런 사람들과는 거리를 두어라. 그들은 당신이 무언가를 시작하고 진행할 때마다 마음에 상처를 줄 것이다. 특히 돈을 쉽게 버는 방법이 있다고 하는 사람과는 관계를 끊어라. 그들 곁에 있으면 자신만 힘들게 살고 있다는 회의감에 빠져 편한 길을 찾거나 포기하게 된다. 현실에서 쉬운 길은 없다. 무소의 뿔처럼 우직하게 나아가며, 노력과 성장을 중요시하는 사람들과 교류해야 한다.

넷째, 돈 관리를 못하는 사람들이다. 매달 재정 관리에 실패해 주변에 돈을 빌리는 사람이 이에 해당한다. 신용카드 대금 미납, 휴대폰 소액결제 연체, 생활비 부족을 습관처럼 호소하는 이들을 경계하라.

자신의 재정적 한계 내에서 생활하는 사람과 관계를 유지해야 한다. 사업으로 많은 돈을 버는 사람도 돈 관리를 못하면 결국 파산할 것이다. 사업이 영원히 잘될 수는 없다. 어려운 시기를 극복하려면 평소의 재정 관리 능력이 중요하다.

돈을 물 쓰듯 펑펑 쓰고 빚에 허덕이는 사람들은 결국 당신에게 돈을 빌리려 할 것이다. 그런 상황이 오기 전에 관계를 정리하는 것이 현명하다. 나중에는 당신이 돈을 빌려주지 않는 냉혈한이라고 되레 화를 낼지도 모른다. 그렇게 되면 더 불편하게 헤어질 수밖에 없다.

당신이 만나는 사람이 곧 당신을 반영한다. 그들은 당신의 생각과 가치관에 큰 영향을 미친다. 인간관계를 맺을 때는 항상 신중해야 하며, 상대방의 본질을 파악하는 분별력을 키워야 한다.

기회는
사람에게서 온다

A씨는 평범한 가정에서 태어났다. 아버지는 중소기업에 다니며 성실히 일해 부장까지 승진했고, 어머니는 전업주부다. 어머니는 아버지가 벌어온 월급을 알뜰히 모아가고 있다. A씨 또한 성실히 살아왔다. 나름 열심히 공부해 무난히 4년제 대학에 입학했다. 이제 정년퇴직한 A씨의 아버지는 풍족하진 않지만 노후 생활을 꾸려나갈 만한 자산을 갖추고 있다. A씨의 친구들도 대부분 비슷한 가정 환경에서 자랐다.

A씨의 삶은 평범하다. 회사에 취직해 월급 250~300만 원 정도를 받으며 생활하고, 6시에 퇴근한 후에는 집에서 게임을 하고 TV를 보며 하루를 마무리한다. 아주 큰 노력을 기울이는 것도 아니고 그렇다고 대충 사는 것도 아니다.

그러다 어느 날 문득 A씨는 이런 생각을 한다. '이렇게 사는 게 맞는 걸까? 이 삶을 바꾸려면 어떤 것을 해야 할까?' 그러나 해답이 보이지 않는다.

당신이 만나는 사람들은 어떤 사람들인가? 더 나은 삶을 살기 위해 노력하는 사람들인가? 아니면 점차 후퇴하는 사람들인가? 당신은 의미 있는 사람을 만났을 때 그를 당신의 사람으로 만들 수 있는가? 이것을 해낼 수 있는 사람이라면 삶에 대해 더 이상 고민하지 않아도 될 것이다.

인생은 당신이 만나는 사람들에 의해 좌우된다. 왜냐하면 공부와 일은 궁극적으로 다른 사람에게 인정받기 위한 수단인 경우가 대부분이기 때문이다. 사회에서 인정받는다는 것은 결국 의사 결정권이 있는 사람에게 인정받는 일이다. 자격증을 취득하고 취업에 필요한 스펙을 쌓는 이유도 사람에게 인정받기 위함이다. 그렇다면 스펙이 뛰어나지 않더라도 당신을 선발할 권한이 있는 사람에게 좋은 인상을 줄 수 있다면 원하는 자리를 얻을 수 있을 것이다.

대기업 회사원이나 공무원을 목표로 한다면 이런 말이 와닿지 않을 수도 있다. 열심히 공부해서 시험 성적을 올리면 합격할 가능성이 높아지니까 말이다. 그러나 본질은 같다. 면접관이나 인사담당자에게 어떻게 보이는지 고민하는 것은 필수이며, '기회는 사람에게서 온다'는 인식을 가질수록 당신의 삶은 나아질 가능성이 높아진다.

당신의 삶을 극적으로 바꿀 계기는 바로 사람이다. 신상을 밝힐 수 없는 나의 멘토가 늘 강조하는 말이 있다. "정말 큰 꿈을 꾸고 있다면 만나는 사람들을 바꿔라. 진정으로 힘이 있고 능력 있는 너의 후원자를 찾는 데 전념하고, 그 후원자가 준 기회를 놓치지 마라. 그에게 인정받을 만한 인성, 태도 그리고 능력을 갖춰라" 또한 "그 사람에게 인정받으면, 그는 자신이 아는 좋은 사람들에게 다시 너를 소개할 것이고, 기회는 여기서 나올 것이다"라고 말한다.

멘토는 항상 내게 조언을 아끼지 않는다. 좋은 책을 추천해주고, 더 나은 사람들과 만날 수 있도록 주선해주기도 한다. 어떤 대가도 받지 않고 순수한 마음으로 나를 돕는다. 능력 있고 성공한 사람들 중에는 괜찮다고 생각하는 후배가 더 나은 길을 가도록 도와주려는 이들이 있다. 성공을 위해서는 이런 사람들과 만날 기회를 얻는 것이 인생에서 가장 중요할지 모른다.

내 주변의 자수성가한 사업가들을 보면, 자신이 배우고 싶은 분야의 멘토를 찾는 데 능숙하고, 그들과 만나기 위한 행동에도 거리낌이 없다. 만나고 싶은 사람에게 연락하고, 거절당해도 포기하지 않는다. 멘토의 글에 댓글을 달고, 연락하고, 메일을 보낸다. 심지어 메일을 100번 보냈다는 지인도 있다.

다시 말하지만 기회는 사람에게서 온다. 직접 기회를 얻는 경우 외에도 성공한 사람을 간접적으로 체험하며 성공에 이르는 경우도 있다. 그 사람의 능력과 업무 처리 방식을 직접 보면서 스스로의 기준도 높아지기 때문이다. 이것도 큰 기회다.

주변에서 계속 성과를 내는 사람들은 운도 있지만 대부분 이유가 있다. 노력의 질이 다르다. 일을 할 때 깊이 파고드는 자세가 다르다. 자신의 일에 정통하고, 사회가 원하는 기준에 따라 일하기에 고되더라도 높은 수준의 노력을 기울여 성과를 낸다.

한 지인은 부동산과 미술품 투자를 전문으로 한다. 부동산 경매 투자로 시세 차익을 남기는데, 하루에 수십 개에서 수백 개의 경매 물건을 분석한다. 그리고 그 물건 중 수익성 높은 5개의 물건을 찾아 투자하고 월세 수익을 올린다. 그는 "사람들은 자신이 노력했다고 생각하지만, 실제로 무슨 노력을 했는지 물어보면 제대로 대답하는 사람은 손에 꼽는 정도"라고 말한다.

또한 그는 투자로 몇 억을 날리는 쓰라린 경험을 통해 미술품을 보는 안목을 키웠다. 이 과정에서 시장성 있는 작품을 고르는 눈이 생겼는데, 다른 사람들은 그의 노하우만 얻으려 할 뿐 그가 들인 노력의 깊이와 대가를 이해하지 못한다.

그는 부유한 집안 출신이 아니다. 20대 초반부터 다양한 사업을 하며 안목을 키우고 종잣돈을 마련했으며, 부동산 투자를 위해 공부하고 실전에서 지식을 활용하며 실력을 쌓았다. 그에게도 부동산 투자의 시발점이 된 멘토가 있었는데, 이 멘토 역시 하루에 1,000건의 물건을 분석하고 공인중개사 사무실을 일일이 방문하며 실력을 키웠다고 한다. 새벽에 일어나 아파트 단지의 주차장 면적, 주차 상태 등을 직접 확인하면서 내공을 쌓아, 지금은 몇 가지 정보만으로도 많은 요소들을 파악할 수 있게 되었다. 노력에 있어 높은 기준을 가진 멘토를 보며 배웠기에, 내 지인도 이 정도의 노력은 당연하게 여겨왔던 것이다.

성공하는 사람들은 새로운 인연을 맺는 데 두려움이 없고, 자존심을 내려놓고 부족함을 인정하며 배우려는 의지가 강하다. 그들에게서 배우면서 눈높이가 상향되고, 그에 걸맞은 노력을 하게 된다.

나는 매사 최선을 다하고, 일에 집중하며, 능력을 쌓고, 좋은 사람들을 만나기 위해 노력하는 사람 중에 변화를 경험하지 못한 사람을 본 적이 없다. 이런 사람들은 어디서나 돋보인다. 겸손하게 행동하지만, 사람을 볼 줄 아는 이들에게는 쉽게 발견된다. 그리고 그들은 바로 이런 사람과 대화하고 싶어 하며, 값진 기회를 준다. 물론 자신에게도 유익한 방향으로 말이다.

당신에게
이상한 사람이 꼬이는 이유

내게 기회를 줄 수 있는 사람, 내 인생을 풍요롭고 의미 있게 만들어줄 사람은 누구일까? 어떻게 이런 사람을 찾을 수 있을까? 이 질문에 대한 답을 찾는 것이 어렵다면, 반대로 접근해보는 건 어떨까. 내게 가장 해로운 사람들이 어떤 유형인지 파악하고, 그들을 의식적으로 피하는 것이다. 이러한 사고방식은 인생에 큰 도움이 된다. 인생은 잘하는 일을 하는 것보다 하지 말아야 할 일을 하지 않으면 성공하는 게임이기 때문이다.

40대 여성 A씨는 늘 자신의 처지를 한탄한다. 자신이 만나는 사람들은 다 별로이고, 주변에는 사기꾼들뿐이라고 여기기 때문이다. 그도 그럴 것이 벌써 3번이나 사기를 당했다. 그러면서 왜 자신의 인생은 계속 꼬이기만 하는지 모르겠다고 말한다. 그냥 사회라는 곳은 원래 이렇고, 사람이란 본래 이런 족속이라고 생각하기 시작했다.

그녀는 점차 새로운 사람을 만나려는 노력을 하지 않는다. 만나 봐야 실망만 하게 될 뿐이라고 생각한다. 독서도 혼자 한다. 함께 시간을 보내거나 의견을 나눌 친구도 없다. 그러니 늘 제자리다. 변화도 없고, 발전도 없으며, 혼자 고민하다 보니 생각도 늘 같은 자리를 머문다. 삶에 문제가 있어도 이를 의논할 사람이 많지 않고, 의논하더라도 자신과 비슷한 사람들뿐이어서 큰 도움이 되지 않는다.

변호사로 일하며 이러한 사례를 수없이 접하게 된다. 보통 사람들은 이상한 이들과 엮여 사고가 터질 때 변호사를 찾기 때문이다. 상담을 하다 보면, 어떻게 하면 좋은 사람을 만날 수 있는지, 어떤 사람들을 어디서 만나야 하는지 묻는 경우도 있다. 주변에 긍정적인 영향을 주는 사람이 전혀 없다면 우선 자신을 돌아보아야 한다. 주변에 이상한 사람들만 꼬이는 사람 역시 본인은 어떤 사람인지 진지하게 성찰할 필요가 있다.

초등학교, 중학교, 고등학교 때와 같이 선택권 없이 주어진 환경에서의 인간관계는 어쩔 수 없다. 만나는 사람들을 내가 선택하지 못하고 외부에서 배정하기 때문이다. 이때의 인간관계는 나의 잘못이 아니다. 주로 가정 환경에 따라 만나는 사람들이 결정되고, 내가 속한 학교에서 무작위로 배정하니까 말이다.

그러나 20대가 넘었는데도 만나는 사람들의 질이 좋지 않다면, 이는 전적으로 본인의 책임이다. 우리는 축복받은 시대에 살고 있다. 배우고 싶은 것이 있으면 온라인으로라도 소통할 수 있고, 멘토를 찾아 나설 수도 있다. 물론 온라인에는 사기꾼들도 있지만, 분명 귀감이 되는 사람도 존재한다. 이를 알아보는 것은 안목의 문제다.

이상한 사람을 한두 명 만나는 것은 단순한 운의 문제일 수 있다. 살다 보면 사기 피해를 당할 수도 있다. 다만 계속해서 사기를 당하거나, 만나는 사람마다 별로라면 자신을 돌아봐야 한다. 반복적으로 이상한 사람을 만나고 있다면, 문제가 생겼을 때도 여전히 같은 환경에 머물러 있거나, 달콤한 말이나 아첨, 칭찬에 쉽게 넘어가는 자신의 성향 때문일 수 있다. 즉 감언이설에 능한 사기꾼이나 목적이 있어 접근하는 사람에게 끌린다는 것이다.

보통 이상한 사람들이 꼬이는 이유는 두 가지다. 첫째, 자신을 유혹하는 말과 행동에 쉽게 넘어가거나, 사람을 판단하는 기준이 명확하지 않아 나쁜 사람을 거르지 못하는 것이다. 둘째, 이상한 사람들을 만날 수밖에 없는 환경에 노출되어 있는 것이다. 첫 번째 이유라면 스스로 더 나은 사람이 되도록 노력해야 한다. 두 번째 이유라면 내가 속한 집단 자체를 바꾸기 위한 노력을 해야 한다. 한마디로 '준거집단'을 바꾸고 새로운 사람들과 시간을 보내야 한다. 그렇다면 어떤 사람들이 있는 집단이어야 할까?

첫째, 당신을 채찍질해 줄 수 있는 사람들이다. 이를 받아들이려면 자존심을 내려놓을 준비를 해야 한다. 현재 가진 생각, 과거부터 해온 생각을 모두 버릴 수 있어야 하며, 나란 인간을 머리부터 발끝까지 뜯어고칠 생각을 해야 채찍질을 달게 받을 수 있다. 채찍질의 반대는 안주다. 지금에 안주하는 사람, 놀러 가자고 권하는 사람보다, 함께 더 나아가고 싶어 하는 사람을 만나야 한다.

이를 위해서는 당신을 안 좋은 방향으로 유도하거나 유혹하는 사람들을 거르는 기준이 있어야 한다. 주변에서 무언가를 권할 때는 이렇게 자문해보아야 한다. "이것이 나를 더 나은 삶으로 이끌어줄 수 있을까?" 일시적인 스트레스 해소나 휴식을 통해 인생이 바뀔 수 있다고 말하는 사람은 조심해야 한다. 휴식만으로 바뀌는 삶은 없다. 치열하게 살아온 사람이 잠시 숨을 고르는 것은 의미 있지만, 늘 여유롭게 지내던 사람이 휴식을 해봐야 리프레시되지 않는다.

당신에게 도움이 되는 사람이라면, 그동안 두려워서 하지 못했던 것을 시작해보도록 권하거나, 현재 삶에 최선을 다하며 새로운 방식의 노력을 해보라고 조언할 것이다. 이런 사람들만이 제대로 된 조언과 실질적인 해결책을 제시한다. 다만 그러한 조언을 전하는 당사자 역시 자신의 삶을 발전시키기 위해 노력하는 인물이어야 한다.

둘째, 과거보다 현재와 미래에 집중하는 집단에 속하라. 가장 피해야 할 집단 중 하나는 과거 '추억팔이'만 하는 집단이다. 자신이 왕년에 어쩌고저쩌고 하는 이야기를 주로 하는 집단이라면 당장 탈출해야 한다. 과거가 아닌 미래의 삶에 대해 이야기할 수 있는 집단에서 시간을 보내야 당신의 미래도 열릴 것이다.

보통 과거 이야기만 늘어놓는 집단은 발전보다는 유흥과 여가를 위한 모임일 가능성이 크다. 추억팔이를 하며 술을 마시고 놀기 위한 사교 모임인 경우가 대부분이다. 발전적인 모임에서는 현재 하는 일이나 미래에 대한 대화만으로도 시간이 부족할 정도로 자기 성장과 발전을 치열하게 고민한다. 그리고 같은 지향점을 가진 사람들끼리 어울리게 된다. 관심사가 다르고 비생산적인 모임에 나가게 되면 집으로 돌아오는 길에 시간만 낭비했다는 생각이 들 것이다. 대화의 초점이 과거에 있는지, 현재 또는 미래에 있는지는 그 집단의 질을 확인할 수 있는 좋은 척도가 된다. "~했었다" 등의 표현이 많이 나오는지 살펴보라. 물론 자신의 노하우를 이야기하는 과정에서 종종 과거 시제가 나오는 것은 괜찮지만, 과거의 영광에만 빠져 있는 경우라면 주의해야 한다.

지금 당신이 교류하는 사람들과의 만남의 빈도와 시간을 표로 정리해보라. 최근 1달간의 캘린더를 열어 누구와 만났는지 확인하고 엑셀 프로그램 등으로 정리해보라. 만약 최근 5년 동안 삶의 변화가 전혀 없는 사람들과 접촉하고 있다면, 그들과 만나는 횟수를 줄여라. 그리고 그 시간을 당신보다 나은 사람들, 당신보다 노력하는 사람들과 보내는 것이 삶의 변화에 가장 큰 전환점이 될 것이다.

매력적인 사람이
되는 법

캐서린 하킴Catherine Hakim은 자신의 저서인 《매력 자본》에서 경제 자본, 문화 자본 등과 함께 가장 중요한 자본으로 '매력'을 꼽으며, 이를 무기로 성공한 사람들에 대한 이야기를 다룬다. 책에서는 키, 몸무게 등 객관적인 지표를 바탕으로 매력적인 외모와 소득의 상관관계를 언급한다. 다양한 통계를 통해 아름다운 외모, 건강하고 매력적인 몸, 화술과 유머감각, 패션 스타일 등 사람을 매력적으로 보이게 하는 방법을 전한다. 물론 사람을 외적인 부분으로만 평가한다는 반론도 함께 언급하지만, 외적인 부분이 얼마나 큰 영향력을 가졌는지에 대한 부정할 수 없는 현실을 말해준다.

실제로 외모가 사회적 평가, 경제적 기회, 인간관계 등 삶의 많은 부분에 영향을 미친다는 사실이 여러 연구에서 확인된다. 도리스 메르틴Doris Martin의 《아비투스》에서도 이러한 점을 언급한다. 개성과 외모, 의상 등은 그 사람의 삶의 모습을 보여주는 지표이자 다른 계층과 차별화하는 요소다. 인간의 매력은 향후 AI 시대가 도래하면 더욱 중요하게 평가받을 것으로 예측되고 있다. AI 앞에서 두뇌 능력은 평가절하될 것이며, 타인에게 어떻게 보이고 얼마나 매력적인지가 더 높은 가치를 지니게 될 것이기 때문이다.

그러나 우리는 여전히 지적 능력 향상에만 오랜 시간을 투자하고 있다. 대학 입학을 위해 초등학교부터 고등학교까지 12년간 노력하며(조기 교육까지 감안하면 15년 이상), 의사나 변호사가 되기 위해서는 대학과 대학원까지 포함해 약 20년을 투자해야 한다. 그러나 매력을 키우는 일, 즉 외모, 패션 스타일, 예의범절, 미소, 활력을 기르는 일에는 관심이 적은 경우가 많다. 이런 경향은 여성보다 남성에게 더 두드러진다.

앞서 말했던 《매력자본》에는 또 하나의 흥미로운 내용이 등장한다. 흔히 여성의 매력이 더 중요하다고 생각하지만, 남성의 매력에 따른 소득 차이가 더 크다는 사실이다. 매력적인 남성의 경우, 평균보다 최대 28%나 소득이 높았고, 매력적인 여성은 최대 20% 높았다.

나도 과거에는 매력의 중요성을 저평가했다. 그런데 50대 여성인 지인이 어느 날 "나이든 사람들도 예쁘고 잘생긴 사람을 좋아한다"고 말하는 것을 듣고 생각이 바뀌었다. 보통 매력이라는 것은 이성에게 어필하기 위해 필요한 것으로 생각하기 쉽지만, 실제로는 모든 사회 활동과 소득에도 큰 영향을 미친다.

링컨은 이런 말을 했다. "마흔이 넘는 모든 이는 자신의 얼굴에 책임을 져야 합니다. 당신이 누구이며, 어떤 생각을 갖고 있는지는 얼굴에서 충분히 드러납니다. 당신이 거울을 들여다볼 때 화나고 불퉁한 표정이 보인다면, 그건 당신의 내면이 표정으로 드러난 것일 뿐입니다."

매력적인 사람이 되는 법은 생각보다 단순한 것에서 출발한다. 바로 자신을 객관적으로 보는 것이다. 자신의 사진이나 동영상을 보며 타인에게 보여지는 모습을 객관적으로 관찰하고, 더 나아지기 위해 연구하고 노력해야 한다. 우선 교정해야 할 것은 자세다. 항상 어깨를 펴고 걷는 것이 가장 중요하다. 남자의 경우 어깨와 등을 곧게 펴는 것만으로도 타인에게 표출되는 인상이 크게 달라진다. 최근에는 휴대폰이나 노트북을 장시간 사용하면서 등이 굽거나 거북목 증상을 보이는 사람이 증가하고 있는데, 평소 취하는 자세에 따라 타인이 당신을 바라보는 시선이 달라진다는 것을 기억해야 한다. 걸음걸이와 자세는 자신감 있는 사람으로 어필할 수 있는 가장 기본적인 요소다.

첫인상에 따라 향후 대화가 달라질 수도 있다. 단순한 외모 관리를 넘어 외적으로 보여지는 느낌과 암묵적 요소가 모두 중요하다.

항상 생기 있고 건강한 모습을 유지하라. 매력의 근본은 활기찬 모습이다. 대학 은사님께서 들려주신 이야기가 있다. 20대 시절 총명했던 대학 동기가 있었는데 거의 매일 술을 마셨다고 한다. 당시에는 몰랐지만, 그 친구가 40대에 접어들자 몸에 이상 신호가 나타나기 시작했고, 새로운 도전을 시도할 의욕이 사라진, 생기가 말라버린 듯한 느낌이 들었다고 한다. 그러면서 교수님은 아무리 젊어도 몸을 아끼지 않으면 나중에 그 어떤 것도 해낼 수 없다고 강조하셨다. 매력의 기본은 활기이며, 이를 유지하기 위한 기본은 건강 관리다.

나 역시 주변을 관찰하며 느낀 점이 있다. 경제적으로 취약한 계층과 그렇지 않은 계층이 보이는 가장 극명한 생각의 차이는 건강에 대한 것이었다. 경제적으로 여유 있는 계층은 건강 관리에 더 신경 쓰고, 신체를 관리 대상으로 보며, 환경이나 습관을 제어하려 노력한다. 반면 경제적으로 취약한 계층은 건강을 선천적이거나 통제할 수 없는 문제로 치부하는 경우가 많았다.

물론 경제적 여유가 없을수록 의료비 지출이 부담스럽고 건강 관리에 많은 장애물이 존재한다. 그러나 조금 불리할 뿐, 건강 관리 계획을 수립하고 실천하는 것이 불가능한 일은 아니다. 식습관 개선과 운동 관련 프로그램 등 저소득층도 활용할 수 있는 다양한 복지 제도가 갖춰져 있기 때문이다.

매력을 키우는 데는 여러 요소와 방법이 있지만, 가장 기본은 건강 관리와 평소 자세다. 음주를 줄이고, 금연하며, 운동하고, 식습관을 관리할수록 건강해질 수 있다. 그러나 가난할수록 운동을 하지 않고 식습관 관리가 되지 않는다. 오히려 자신의 몸으로 경제 활동을 해 자산을 축적해야 하는 것이 이들인데도 말이다.

건강을 찾고 외모와 몸매를 관리하면서부터 삶을 대하는 태도와 타인을 대할 때의 자신감이 확연히 달라진다. 내 지인 중 한 명은 늘 자신감이 없었다. 정신과 치료 등으로 해결하려 했으나 번번이 실패했는데, 해결책은 다른 곳에 있었다. 다이어트와 운동을 통해 이미지가 변화하면서 자연스럽게 우울증을 극복하고 자존감을 회복한 것이다.

사람은 결국 타인에게 어느 정도 매력으로 인정받아야 자존감이 높아질 수 있다. 아무리 내면을 강조해도, 타인의 인정과 관련해 매력을 빼놓고 말하기는 어려울 것이다. 그리고 이는 장기적으로 사회적 성공과 소득에도 큰 영향을 준다는 것을 잊지 말아야 한다.

인생 컨닝페이퍼 — 사람

1. 멀리해야 할 사람들

- 사기꾼: 특히 부를 과시하면서 쉽게 성공할 수 있다고 말하는 사람들을 조심하라.
- 돈에 미친 사람: 언제든 자신의 이익을 위해 당신을 배신할 수 있다.
- 자신의 욕망에 솔직하지 않은 사람: 위선적인 사람은 신뢰할 수 없다.
- 이분법적 사고를 가진 사람: 다양한 관점을 갖지 못한 사람들은 위험하다.
- 재정 관리를 못하는 사람: 결국 당신에게 손을 벌릴 것이다.
- 과거에만 집착하는 사람: 과거의 영광이 아닌, 현재와 미래에 집중하는 사람들과 어울려라.

2. 가까이해야 할 사람들

- 당신을 채찍질해주는 사람: 당신을 더 높은 기준으로 끌어올리는 사람들을 가까이하라.
- 당신이 목표로 하는 분야에서 이미 성공한 사람: 당신보다 앞서가는 사람들의 지혜를 배우고 기회를 얻어라.
- 지속적으로 노력하는 사람들: 깊이 파고들어 성과를 내는 사람들과 교류하라.

3. 매력 있는 사람이 되는 법

- 자세를 바르게 하고, 건강 관리에 투자하라. 무엇보다 활력이 매력의 근본이다.
- 최근 교류하고 있는 사람들과의 만남의 빈도와 시간을 표로 정리해보고, 발전이 없는 관계에 쓰는 시간을 줄여라.
- 긍정적인 영향을 주는 사람들과는 지속적인 관계를 맺어라.
- 다른 사람의 도움과 지원에 의존하지 말고 스스로의 노력으로 성장하고 발전하라.

4. 그 사람의 진짜 인성을 판단하는 법

- 자기 가족을 대하는 모습을 살펴라. 그 속에서 그 사람의 진짜 성격이 드러난다.
- 성공 후에 어떻게 행동하는지 살펴라. 더 이상 참지 않아도 되는 상황에서 본성이 드러난다.
- 그 사람이 SNS에 남기는 댓글을 살펴라. 익명성 뒤에서 솔직한 마음이 표출된다.

3장 — 결혼

배우자 선택에
당신의 미래가 달렸다

가장이
존중받지 못하는 이유

신도시에 거주하는 40대 남성 A씨는 기계공학을 전공하고 대기업 연구직으로 근무하고 있다. 경력이 쌓이면서 월급도 크게 인상되어 성과급까지 포함하면 연소득이 1억을 넘는다. 그는 보통 새벽 5~6시쯤 일어나 출근 준비를 시작한다. 일어날 때면 옆에는 아내가 깊이 잠들어 있다. 전업주부인 아내가 A씨의 아침밥을 챙겨준 것은 신혼 초 몇 번을 제외하고는 10여년 간 단 한 번도 없었다. 오히려 A씨가 일어날 때 내는 소리에 짜증을 내곤 한다. A씨는 까치발로 나가면서 방문 닫히는 소리에도 조심스러워 한다.

자녀는 중학생 아들 하나다. 성적은 평범하고 집에서는 주로 컴퓨터 게임을 한다. 아들은 아버지를 존경하지 않는다. 용돈이 필요할 때만 아버지에게 말을 건다. A씨는 월급을 관리하는 아내에게 한 달에 30~40만 원 정도를 받아 생활하고 있기 때문에 아들에게 용돈을 줄 여유도 없다.

아내는 4년제 대학을 졸업한 뒤 전업주부로 지내고 있다. 그녀는 묘하게 A씨를 무시하는 태도를 보인다. A씨가 일류대 출신이고 더 많은 공부를 했음에도 불구하고, "남자들은 어리다", "남자들은 유치하다"라는 말을 자주 한다. 남편의 월급으로 생활하면서도 정작 그에게 신경 써주지 않고, 고생해서 벌어오는 돈을 당연하게 여긴다. 감사나 격려의 말은 고사하고, 저녁을 먹고 들어오지 않으면 오히려 신경질을 낸다.

A씨는 아침이나 저녁을 시리얼, 김밥, 샌드위치로 해결한다. 최근에는 출근이 빨라지고 퇴근이 늦어지면서 대부분의 끼니를 회사에서 해결하고 있다.

아내는 자녀 외에는 관심이 없다. 아들을 등교시키고 나면 다시 잠들었다가 9~10시경에 일어나는 것으로 보인다. 그녀는 입시 정보를 위해 다른 주부들과 유명 카페나 맛집에서 모임을 갖는다. 아들이 공부를 잘하는 편도 아닌데 왜 그렇게까지 고급 입시 정보가 필요한지 물으면, "당신 자식이 당신처럼 되길 바라는 거야?"라고 반문한다. 공부를 못하더라도 입시 정보가 있어야 나중에 전문직이 될 수 있다는 게 그녀의 논리다.

A씨는 바쁜 업무 중에 카드 사용 문자를 받는다. 구내식당에서 점심을 때우는 A씨와 달리, 아내는 파스타를 먹는다. 오전에는 학부모들과, 오후에는 또 다른 사람들과의 모임에 참석한다. A씨 자신은 적은 용돈을 아껴가며 생활하지만, 아내와 아들은 돈을 펑펑 쓰면서도 고마움을 표현하지 않는다. 그는 마치 슈퍼맨처럼 모

든 걸 혼자 감당하고 있지만, 가족은 이를 당연하게 여긴다. A씨는 점점 외로움을 느낀다.

그런데 생각보다 많은 남편들이 이처럼 열심히 일하고도 가정에서 인정받지 못하고 있다. 가족들은 아버지의 희생을 당연하게 여긴다. 당연한 일을 하는 사람에게는 감사할 필요조차 느끼지 못하는 법이다. 언론에서 잘 다루지 않지만, 이것이 많은 가정의 현실이다.

가족 구성원은 각자 자신의 몫을 다해야 한다. 그러나 한국 사회에서 중년 남성이 가족을 위해 직장에서 일하며 돈을 벌어오는 일은 너무나 당연한 것으로 여겨진다. 그 결과, 그들의 노고와 노력은 평가절하되는 경우가 많다. 가족들을 위해 자신의 일터에서 최선을 다해 일하는 것은 매우 훌륭하고 의미 있는 일이다. 물론 가정을 돌보고 자녀를 양육하는 일 역시 숭고하고 귀하다. 그러니 각자 자신이 맡은 역할을 충실히 해내는 동시에 마땅히 서로에게 감사하고 존중해주어야 한다.

내가 경험하는 가정의 모습은 주로 이혼 소송 과정에서 드러난 것이기에 일반화하기는 어렵다. 그러나 체감 상, A씨의 사례와 같은 모습을 보이는 가정이 결코 적지 않다. 특히 자녀 교육에 있어 가장의 의견이 배제되는 경우가 많다. 자녀의 생존에 가장 크게 기여하고 있는 것이 아버지임에도 말이다.

존중받지 못하는 가장의 모습은 결국 가족의 뿌리나 핵심 가치를 흔들리게 만든다. 오히려 자녀에게 좌지우지되는 부모도 많다. 가장의 권위가 사라지면서, 가정의 정신적 뿌리나 중심이 무너진 것이다. 가장이 단순히 돈 버는 기계로 전락한 가정도 있다. "중년 남성을 반겨주는 건 반려견뿐이다"라는 자조 섞인 말이 광고에 등장할 정도다.

나는 결혼을 '동업'에 비유한다. 동업 파트너를 찾듯이 배우자를 선택하면 결혼 실패 확률이 훨씬 낮아진다. 동업은 서로 존중하고 각자의 일에 최선을 다하며 협력할 때 성공한다. 결혼도 마찬가지다. 가장은 영업·기획부서, 전업주부는 경리부서의 역할을 맡는다고 볼 수 있다. 가장은 소득 증대를 고민하고, 전업주부는 효율적인 자금 관리와 지출 최소화를 고민해야 한다. 성공적인 동업과 결혼은 이처럼 공통점을 가진다.

또한 동업자(배우자)와 동업의 결실(자녀)이 자신을 존중하지 않는다면, 그 결혼은 실패할 가능성이 높다. 만약 존중받지 못하는 가장이라면, 자신의 언행과 가족에 대한 태도를 돌아봐야 한다. 왜 이런 상황이 되었는지, 무엇을 바꿀 수 있을지 고민해야 한다.

자녀가 부모를 존중하지 않는 가정은 잘못된 것이다. 진정한 사랑은 존경에서 피어난다. 부부 사이에도 존경심이 있어야 가정에 사랑이 꽃핀다.

가부장적 가정을 비판하는 목소리가 많은 것은 사실이다. 그러나 자녀 교육에 있어 부모의 권위는 여전히 중요하다. 권위 없이는 존중과 존경이 생기지 않는다. 친구 같은 부모가 항상 좋은 것만은 아니다. 교육의 본질은 교수자에 대한 존경에 있다. 부모를 존경하지 않는 자녀는 바른 성인으로 성장하기 어렵다.

중년 남성들이 결혼을 후회하지 않으려면, 가족 안에서 인격적으로 존중받을 수 있어야 한다. 부부는 서로의 역할과 노고를 인정하고 감사해야 한다. 일방적인 희생이 당연시되는 문화에서 벗어나, 진정한 동반자로서 서로를 대할 때 비로소 행복한 결혼 생활과 건강한 자녀 교육이 가능해질 것이다.

요즘 젊은이들이
결혼을 못하는 진짜 이유

A씨는 30대 초반의 남성이다. 열심히 돈을 모으고는 있지만, 소위 말하는 '결혼자금'이 너무 많이 들 것 같아서 결혼을 할 수 있을지 걱정이다. 오늘날 감당하기 어려울 정도로 높은 '결혼'이라는 문턱은, 젊은 남성들을 좌절하게 만든다. 그의 친구들 역시 비슷한 고민을 안고 있다.

그에게는 교제한 지 2년이 넘은 여자 친구가 있다. 결혼 이야기가 오가기 시작하면서 현실적인 문제들에 대해 진지하게 논의 중이다. 양가 부모님 모두 두 사람의 결혼을 기정사실화하고 있다. 그러나 양쪽 집안 모두 넉넉한 상황은 아니기에 결혼 비용과 집은 전부두 사람이 온전히 감당해야 한다.

A씨와 여자 친구는 결혼을 준비하면서 서로 모은 돈은 얼마인지, 앞으로 소득이 늘어날 가능성이 있는지, 집은 어느 지역으로 정할 것인지, 결혼 비용은 어떻게 감당할 것인지에 대한 논의를 이어

가고 있다. 이들의 가장 큰 고민은 역시 집 문제다. 집을 어느 지역으로 정할 것인가에서부터 의견이 갈리기 시작했다.

그의 직장은 서울 강남구 역삼역 근처다. 그의 여자 친구는 경기도의 한 중견기업에 다닌다. 현재는 두 사람 모두 부모님의 집에서 출퇴근하고 있다. 직주 근접을 우선할지, 아니면 자산 가치 상승을 고려해 무리를 해서라도 서울 내에 신혼집을 구할지를 두고 고심 중이다.

하지만 서울의 집값을 알아보면서 두 사람은 절망하고 말았다. 30대 초반 커플에게 서울의 집은 그야말로 그림의 떡이었다. 그들이 모은 자산으로는 어림도 없었다. 아파트에서 살고 싶은 욕심이 있었기에 더욱 그랬다. 주변에서 '지금의 돈벌이로 결혼은 불가능해!'라고 말할 때는 그 심각성을 실감하지 못했지만, 막상 서울에서 집을 구하기 시작하면서부터 그 말의 의미를 뼈저리게 느끼게 되었다.

결혼식 비용도 만만치 않았다. 예식장을 알아보면서 최소 수천만 원의 지출이 필요하다는 것을 알게 되었다. 바로 결혼식을 올릴 수 있는 것도 아니었다. 예식장 예약은 최소 수개월에서 1년 전에 해야 했고, 스튜디오 웨딩 촬영, 웨딩드레스 선택, 메이크업 등 고려하고 준비해야 할 것들이 너무 많았다. 그리고 이 모든 것에는 돈이 필요했다.

현재 A씨는 결혼에 대해 다시 한번 신중하게 고민하고 있다. 배우자에 대한 고민뿐만 아니라, 결혼에 필요한 비용을 감당하면서까지 결혼을 해야 할지에 대해서도 고민 중이다.

현재 젊은 세대가 결혼을 기피하는 가장 큰 이유는 경제적 부담이다. 한마디로 결혼에 필요한 돈이 부족한 것이다. 이처럼 현실적인 문제로 고민하는 이들을 위해 나의 경험을 나누고자 한다.

나도 최근에 결혼했다. 그러나 돈 걱정은 크게 하지 않았다. 지금의 아내와는 결혼 전부터 충분히 이야기를 나누었고, 젊은 시절에는 돈이 없는 것이 당연하다는 사실을 통계로도 알고 있었기 때문이다. 신혼 초기에 월세나 전세로 시작하는 건 너무나 자연스러운 일이라 생각했다. 본래 서울에 살던 아내도 서울에서 바로 집을 구하기 어렵다는 사실을 받아들였고, 주거비가 저렴한 지역으로 이사하는 데 동의했다. 생활비를 줄이고, 소득을 늘리기 위한 방안이었다. 나 역시 법률사무소를 연지 그리 오래되지 않은 시점이었기에 가진 돈이 많지 않았고 양가의 지원도 없었다. 아내와 나 모두 지원을 원하지 않았기 때문이다.(물론 나의 경우는 지원을 받기가 어려웠다. 앞서 이야기했듯 경제적으로 넉넉한 집은 아니기 때문이다.)

2030세대 친구들과 이야기할 때 내가 자주 하는 말이 있다. 이미 이루어진 완성형의 행복이 아닌, 점진적으로 성장하는 기쁨과 행복을 추구하라는 것이다. 나는 오히려 예산에 맞춰 계획하고, 고민하며 결혼을 준비해가는 과정이 즐거웠다. 젊은 시절에는 소득이 낮고, 자산이 없는 것이 당연하다. 각종 SNS에서 보이는 부자들의 삶에 과도하게 영향을 받고 스스로 불행해지는 것은 경계해야 한다.

결혼을 할 때는 초기 비용을 최대한 줄이는 게 중요하다. 결혼식보다는 미래를 위한 투자에 집중하는 것이 현명하다. 이런 가치관을 공유할 수 있는 배우자를 찾고, 결혼 생활을 시작하라. 남들과 비교하기보다 자신의 진정한 행복이 무엇인지 고민하라. 그러면 큰 비용 없이도 행복한 결혼 생활을 시작하고 유지할 수 있다. 내 경우에는 가구와 예식 비용으로 2,000만 원 정도를 지출했고, 신혼여행도 가까운 곳으로 다녀와 100만 원 정도로 해결했다. 이렇게 해도 결혼식이나 결혼 생활에는 전혀 지장이 없었다. 만약 연인이 결혼식이나 예식 비용에 과도하게 신경 쓴다면, 그 사람과의 결혼은 다시 한번 신중히 고려해볼 필요가 있다.

원래 젊음의 가치는 시간과 희망에 있다. 돈 많고 성공적인 삶을 살고 있는 인생 선배들과 이야기 나눌 때마다 나는 이런 질문을 던진다. "지금의 자산과 지위를 포기하고, 20년의 시간, 젊음을 얻을 수 있다면 바꾸시겠습니까?" 돌아오는 대답은 항상 "그렇다"였다.

결국 인간을 행복하게 만드는 건 하나하나 쌓아가는 경험이다. 나는 그런 성장의 행복을 배우자와 함께 나눌 수 있음에 감사했다. 몸을 뉘일 수 있는 공간이 있음에 감사했고, 더 나아질 수 있다는 희망이 있음에 감사했고, 공부할 수 있는 책이 있는 도서관과 서점이 있는 지역에 살 수 있음에 감사했고, 온라인을 통해 양질의 정보를 접할 수 있다는 사실에도 감사했다. 그리고 신혼부부를 위한 정부의 지원이 생각보다 많다는 사실에도 고마움을 느꼈다.

경제적 어려움으로 인해 결혼을 못한다는 것은 정말 안타까운 일이다. 부모님의 병 간호나 부양을 이유로 결혼을 할 수 없는 상황도 존재한다. 이것은 분명히 돈의 문제가 맞다. 하지만 대부분은 남들의 시선을 의식하거나 욕심을 부려서 문제가 된다. 지금 상황을 이해하는 좋은 배우자를 만나고, 두 사람이 눈높이만 낮춘다면 결혼하는 것이 불가능하거나 어렵지는 않을 것이다. "우리 때는 다 월세로 시작했어!"라고 말하면 꼰대처럼 들릴지도 모르겠다. 하지만 그저 꼰대의 말로 치부하기 전에 생각해보자. 결혼을 하지 않아도 본인의 생활비는 줄어들지 않는다. 결혼을 해도 예식장 비용 등의 일회성 비용을 제외하면 추가 비용은 없다. 생활비는 혼자 살 때보다 둘이 살 때 오히려 적게 든다.(물론 아이를 출산하면 얘기는 달라진다.)

결과적으로 결혼에 대한 고민은 단순한 경제적 부담이 아니라 자신이 살아온, 그리고 앞으로 살아갈 삶에 대한 것이 핵심이 되어야 한다.

배우자로서의
역할을 다하라

30대 중반의 남성인 A씨는 흔히 말하는 '능력 있는 남자'다. 증권사에 다니며 월 1,200만 원 정도의 소득을 올리고 있다. 그의 아내는 공무원으로 250만 원 정도의 월급을 받는다.

결혼 전 두 사람은 결혼 후에도 맞벌이를 계속하기로 약속했다. 이들은 이른바 '딩크족'이다. (딩크란 'DINK Double Income, No Kids'의 의미로, 맞벌이를 하면서 아이는 갖지 않는 부부를 뜻한다.) 혼자 벌어도 충분한 소득이었으나, A씨는 아내가 계속 직장에 다니길 바랐다. 아내가 전업주부가 되면 서로의 생활이나 관심사가 달라져 공감대가 형성되기 어려울지도 모른다는 점이 걱정됐기 때문이다.

실제로 부부가 살아가는 환경이나 경험이 달라지면, 서로 소통하기 어려운 경우가 종종 생긴다. 특히 한 명은 일하고, 한 명은 주부로 지내면 서로가 겪는 어려움이나 고통을 이해하기 힘든 상황이 생길 수 있다. A씨는 바로 이런 점을 걱정한 것이다. 하지만 결혼 2년 차에 접어들었을 때, 아내가 돌연 일을 그만두고 싶다는 의사를 내비쳤다. 남편의 수입에 비하면 자신의 월급은 미미하게 느껴졌고, 생계에 큰 영향을 주는 것도 아니었기 때문이다. 더불어 회사 상사에게 받는 스트레스도 한몫했다. 그러나 남편 입장에서는 결혼한지 2년도 안 된 상황에서 아내가 결혼 전 약속을 어긴다는 사실을 가볍게 받아들일 수 없었다. 이게 말로만 듣던 '취집(취업과 시집의 합성어)'인가 하는 생각까지 들었다. 더욱이 아내는 집안일에 열성적인 사람도 아니었기에, 전업주부의 역할을 잘할 수 있을지도 의문이었다.

이혼 소송을 다루다 보면, 여러 방식으로 일을 하다가 그만두고 전업주부가 된 사례들을 접하곤 한다. 보통은 임신을 준비하면서 일을 그만두는 경우가 많고, 우울증 등의 정신적인 어려움을 겪게 되면서 퇴직하는 경우도 있다. 충분히 이해할 수 있는 사정도 있지만, 배우자에게 생계를 온전히 의지하려는 경우도 의외로 많다.

물론 반론도 있을 것이다. 부부 사이에 직장에서 어려움을 겪는 배우자를 이해해주지 못할 이유가 없다는 입장도 있을 것이다. 맞는 말이다. 다만 위 사례의 맹점은, 그렇다면 아내는 남편의 입장을 이해하고 배려하고 있는가 하는 것이다.

성인이라면 배우자가 있더라도 스스로 자립하기 위해 노력해야 한다. 자녀 양육 등의 이유로 전업주부가 필요한 상황이 아니라 자신에게 주어진 책임을 다하기 위해 노력해야 한다. 만약 남편이 없었어도 회사를 쉽게 그만둘 수 있었을까? 아마 혼자 살았다면 더 버티려고 했을 것이다. 배우자라는 기댈 언덕이 있기에 쉽게 포기하려는 것이다.

최근 20대 사이에서는 직장에 다니다가 어려움을 겪게 되면 쉽게 그만두는 경향이 확산되고 있다. 이는 자기 삶은 자기가 책임져야 한다는 인식이 예전보다 약화되고 있다는 방증일지도 모른다. 나이가 들었지만 여전히 부모나 사회에 보호를 바라는 어린아이 같은 청년들도 적지 않다.

에리히 프롬은 《사랑의 기술》에서 배려, 책임, 존경은 상호 의존적인 것이라고 했다. 한쪽에게만 배려나 책임을 강요하는 관계는 사랑이라 할 수 없다. 성숙한 인간 간의 결합을 사랑에서 가장 중요한 요소로 보았던 프롬은, 자신이 성숙하고 노력한 만큼 상대에게도 바라는 관계를 이상적인 것으로 보았다. 나도 이 생각에 동의한다.

의미 있는 부부 관계란, 서로의 성장을 돕는 발판이 되어야 한다. 부부가 결혼 후 함께 살아갈 날은 수십 년이다. 오랜 시간을 함께하기 위해서는 자신의 편의를 위해 상대에게 희생을 강요하는 것이 아니라, 서로가 한 단계 성장하도록 이끌어주는 관계여야 한다. 그러나 현실에서는 이와 반대로 흘러가는 부부들도 있다. 실제 이혼 소송에서 이와 유사한 사례를 자주 접하게 된다.

어떤 이는 이런 상황을 두고 "남편의 사랑이 식었기 때문에 문제를 심각하게 받아들이는 것이 아니냐"고 말하기도 한다. 하지만 이는 '사랑'에 대한 정의가 다르기 때문일 수 있다. 흔히 사랑을 무조건적인 희생이나 상대방에 대한 배려로 정의하는 사람들이 있다. 그러나 이는 사랑이 아니라 어리광일지 모른다. 어린 시절 부모에게 받았던 무조건적인 사랑을 배우자에게 요구하는 것이다. 사랑이 식은 것이 아니라, 애초에 성숙한 사랑이 존재하지 않았던 것이다.

해결책은 명확하다. 내 주변의 한 지인은 "생활비를 지원하지 않겠다"고 선을 그었다. 이런 경우 반응은 크게 두 가지다. 상대방에게 실망해 마음이 상하거나, 자신이 가정에 기여할 다른 방법을 찾는 것이다. 앞선 사례의 경우, 상사 스트레스로 우울증이 생길 정도라면 휴직이나 이직, 재취업 등 다른 방안을 함께 고민할 수 있을 것이다.

서로 진정 사랑한다면 의존하려 하지 않고, 자립하여 상대방에게 기여하려 노력해야 한다. 자신의 삶이 상대에게 짐이 되지 않도록 노력하라. 부부 관계에서 가장 중요한 상호 존경을 위해 스스로 발전하라. 이것이 의미 있고 행복하며 사랑이 지속되는 부부의 모습이다.

말이 아닌
살아온 모습을 보라

A씨는 30대 중반의 남성이다. 그는 30대 초반의 한 여성을 만났다. A씨는 첫 만남에 그녀에게 빠져들었다. 성격과 생각이 잘 맞았고, 경제관이나 소비 습관에 대한 가치관도 비슷했다. 향후 재테크 계획에 대해 물었을 때도, 그녀는 아직 투자에는 도전해보지 못했지만, 평소 알뜰살뜰 저축하고 있다고 답했다. 소득의 대부분을 저축한다는 말에 A씨는 더욱 호감을 느꼈다.

그녀의 시댁에 대한 태도 역시 마음에 들었다. 결혼 전부터 자주 A씨의 부모님을 만나 뵙고 이야기를 나누며 살갑게 행동하는 모습에, A씨는 그녀와의 결혼을 결심하게 되었다.

하지만 결혼을 준비하는 과정에서 그녀는 전혀 다른 모습을 드러내기 시작했다. A씨는 예비신부가 검소하다고 생각해왔으나, 결혼식을 준비하면서 태도가 바뀐 것이다. 주변 사람이나 친구들과 혼수나 집, 예식장을 비교하고, 남들의 시선을 중요하게 생각했다.

예식장, 스튜디오, 드레스, 메이크업 등에 상당한 비용을 쓰고, 신혼여행과 프러포즈에도 신경을 썼다. 남자는 예비신부의 이런 모습을 보고, 소득의 대부분을 저축한다고 했던 그녀의 말이 사실인지 의문이 들었다.

결혼 후에도 점점 변해가는 아내의 모습에 A씨는 당황하기 시작했다. 아내는 결혼할 때 시댁으로부터 상당한 지원을 받았음에도 불구하고 시댁과는 교류하지 않으려 했고, 명절에 방문하는 것조차 꺼리기 시작했다. '생각이 잘 맞는 사람'이라는 믿음도 흔들리기 시작했다. 누구나 결혼하면 의견 충돌을 경험하게 된다고는 하지만, 기존에는 일치했던 사회, 정치, 재테크 등에 관한 생각까지 알고 보니 판이하게 달랐던 것이다.

특히 여성 문제와 가부장제에 대한 불만을 노골적으로 표현하기 시작했다. '시집살이'라고 할 만한 큰 괴로움을 겪지 않았음에도 시댁에 대해 반사적으로 반감을 보였고, A씨의 소득으로 가정 경제를 꾸리고 있음에도 가부장제에 대한 깊은 거부감을 표현했다. 결혼으로 인해 여성이 겪는 불이익에 대해서도 자주 언급했다. 매일 성실하게 일하며 가정을 책임지려 애쓰는 A씨의 입장에서는 이런 아내의 말과 태도에 힘이 빠질 수밖에 없었다. 결혼 생활에 대한 아내의 피해의식이 느껴지고, 서로 사고방식의 차이가 커질수록 고통스러워졌다.

보통 사람들은 결혼하면서 생각이나 가치관이 변하기 마련이다. 이때 결혼의 토대가 된 핵심 가치관이 무너지면 결혼 생활에 대한 회의로 이어진다. 그중 대표적인 것이 바로 가족에 대한 개념이다.

여성학에서는 대체로 가부장제의 해체를 주장한다. 가부장적 구조 안에서는 진정한 성평등이 실현될 수 없으며, 여성은 자본주의와 가부장제가 맞물린 억압의 이중구조 속에 놓여 있다고 보기 때문이다. 이러한 관점을 단순히 비판하려는 것은 아니다. 다만, 이런 시선에 경도된 사람들은 가족과 결혼이라는 제도에 근본적인 회의를 품게 되기도 한다. 가부장제 해체라는 전제에서 볼 때, 결혼이란 제도는 모순적이기 때문이다. 가부장제에서 벗어나려면 결혼 제도를 부정해야 하지만, 결혼을 통해 얻는 생존가능성 향상, 심리적 안정, 자녀 출산 등의 가치는 또 분명하다. 물론 여성학도 다양한 분파가 있어 한 가지로 정의할 수는 없다. 다만 가부장제에 대해서는 대체로 비판적 견해를 가지고 있다는 것은 부정하기 어렵다.

부부가 되는 과정에서 각 성별의 관점을 강하게 고수하는 사람은 결혼 후 돌변할 가능성이 높다. 결혼 후 폭력성을 보이기 시작하는 남성의 사례도 이런 경우라고 할 수 있다. 결혼 전에는 자신의 생각을 드러낼 필요가 없고, 그럴 일도 거의 없다. 연애 중에는 서로 최상의 모습을 보여주려 노력하며 상대에게 잘 보이기 위해 거짓을 말하는 경우가 많다. 따라서 연애 시절의 언행만으로 그 사람을 판단해서는 안 된다.

또 하나 중요한 것은 경제관념이다. 배우자가 목표로 하는 자산의 액수와, 평소 소비에 초점을 두는지, 아니면 생산에 초점을 두는지에 따라 결혼 생활의 만족도는 크게 달라질 수 있다. 생산과 축적에 초점을 두는 사람은, 배우자와 함께 자산을 쌓아가는 과정에서 만족감을 느낀다. 반면 소비에 초점을 두는 사람은 배우자와 여행을 다니거나 무언가를 소비하는 시간에 더 가치를 둔다. 이러한 가치관이 다를 경우, 결혼 후 갈등을 겪을 가능성이 매우 높다. 평소에 발전적으로 보이던 연인의 모습과, 결혼 후 소비 지출을 지켜보며 알게 되는 실제 모습이 크게 다를 수 있다는 것을 명심하라.

처음부터 가치관이 잘 맞는 배우자를 만나기 위해 노력해야 한다. 결혼을 했다고 해서 다 큰 성인이 갑자기 바뀌기는 어렵기 때문이다. 사람은 특별한 경우를 제외하면 잘 변하지 않는다.

이혼 소송을 많이 다루는 변호사로서, 나는 항상 배우자를 선택할 때 그 사람이 살아온 삶과 행적, 이루어낸 것에 초점을 맞추라고 조언한다. 말이 아닌 살아온 모습을 보라는 것이다. 그 사람의 말이 아무리 진실처럼 들려도 실제 행동과 일치하는지 관찰하고 지켜봐야 한다. 어떤 이는 결혼 후에 변하는 모습까지 예측하기는 어렵기 때문에 좋은 배우자를 선택하는 것은 '운의 영역'이라고 말하기도 한다. 그러나 나는 이에 동의하지 않는다. 노력하면 그런 안목도 향상된다.

결혼 후 돌변할 수 있는 두 가지 주요 요소인 경제관념과 가족관을 가늠해볼 수 있는 방법이 있다. 경제관념은 그 사람이 쌓아온 자산과 평소 소비 습관을 통해 파악할 수 있고, 가족관은 평소 그 사람이 가족과 맺는 관계, 부모의 관계나 가족에 대한 생각 등을 종합적으로 살펴보면 확인할 수 있다. 물론 여기에 완벽한 정답이란 없다. 그러나 사람에 대해 공부할수록 좋은 배우자를 선택하는 데 도움이 된다는 것을 기억해야 한다. 사람들은 좋은 사람을 만나거나 알아보는 능력을 기르는 데 충분한 관심을 기울이지 않는다. 그러나 사람을 보는 안목을 기르면 확실히 남들보다 유리한 위치에 설 수 있다. 그리고 한 사람에게 있어 가장 중요한 인맥은 바로 배우자라는 것을 기억하라.

경제관념은
배우자의 필수 조건이다

A씨는 30대 중반의 남성이다. 그에게는 5년간 사귄 또래 여자 친구 B씨가 있다. 오랫동안 연인 관계로 지낸 만큼 A씨는 B씨에게 사랑뿐만 아니라 의리와 같은 감정도 느끼고 있다. B씨는 대학교를 졸업하자마자 바로 일을 시작해 현재 유치원 교사로 일하고 있다.

A씨는 여자 친구를 만나면서 힘든 시기를 견뎌냈다. 덕분에 그녀에게 늘 고마움을 느꼈고, 진지하게 결혼까지 생각하고 있었다. 그러던 중, 결혼 이야기가 구체화되면서 자연스럽게 서로의 소득과 자산 상황을 공유하게 되었다.

여자 친구는 10년 넘게 일했지만, 모은 돈은 1,000만 원 정도였다. A씨는 예금으로 1억 원가량을 보유하고 있었다. A씨는 B씨의 경제관념에 대해 의문을 갖게 되었다. 왜 1,000만 원밖에 모으지 못했을까? 혹시 집안 형편이 좋지 않아 부모님을 부양해야 하는 상황이었을까? 하지만 여자 친구는 이에 대해 명확하게 설명해주지 않았다. 현재 A씨는 과연 B씨가 배우자로 적합한가에 대해 진지하게 고민 중이다.

나는 배우자를 선택할 때 가장 중요하게 판단해야 하는 것으로 경제관념을 꼽는다. 그리고 경제관념에서의 핵심은 자신의 소득을 제대로 관리하고 이를 자산으로 전환하는 행위, 즉 저축을 할 수 있는가 하는 점이다. 돈을 모으는 행위가 배우자가 될 사람의 미래관, 사고관을 보여주는 핵심 지표이기 때문이다.

사업가가 아닌 평범한 직장인들은 대부분 평생 벌 수 있는 소득이 제한되어 있다. 따라서 지출을 통제할 수 없다면 안정적인 노후 보장은 불가능해진다. 같이 궁핍해질 것인가, 아니면 같이 부유해질 것인가를 결정하는 핵심은 바로 나와 배우자의 경제관념이다. 그리고 이를 확인할 수 있는 지표는 저축률이다. 절대적인 액수보다 저축률을 확인하라. 모아놓은 돈은 그 사람의 다양한 측면을 보여준다. 평소의 소비 습관, 자기 절제력, 지적 능력까지 알 수 있다.

배우자는 똑똑해야 한다. 현재보다 미래에 가치를 두고 살기 위해서는 충동적인 욕망에 휩쓸리지 않고, 장기적인 시야를 가지고 사고하는 능력이 필수적이다. 절약은 미래를 준비하는 대표적인 행위이며, 이를 위해서는 감정 통제 등 고도의 지적 능력이 필요하다.

현대 사회는 과거와 달리 소비를 지향하는 분위기가 강하다. 과거에는 문화적, 사회적 분위기가 사람들을 절약하고 저축하도록 이끌었지만, 현재는 대부분이 소비를 지향하는 사회로 변했다. 따라서 자산을 쌓기 위해서는 남들을 신경 쓰지 않는 용기와 대중의 흐름에 휩쓸리지 않을 판단력, 그리고 실행력이 필요하다.

사람들은 흔히 마음만 먹으면 언제든 소비를 줄일 수 있다고 생각하지만, 그렇게 간단한 일이 아니다. 소비를 줄이는 방법을 고민하는 것도 사고 능력에 좌우되며, 마케팅과 광고에 영향받지 않고 현명한 판단을 하려면 복합적인 사고 능력도 필요하다. 똑같은 효과를 보이는 제품을 1만 원에 구매하고 9만 원을 저축하는 사람과, 10만 원짜리 제품을 덜컥 구매하는 사람은 시간이 지날수록 극명한 재산 격차를 보일 것이다.

토마스 J. 스탠리Thomas J. Stanley의《이웃집 백만장자》에 따르면, 자수성가한 부자들의 공통점 중 하나는 본인뿐 아니라 배우자 또한 검소한 생활 습관을 가지고 있다는 것이다. 부를 이루기 위해 배우자의 경제관념을 살피는 것은 당연한 일이며, 이는 장기적인 생존과도 직결되는 중요한 문제다.

이혼 소송을 진행하다 보면, 10년이 넘는 결혼 생활을 했음에도 자산을 한 푼도 모으지 못하고 결혼 전 넣어 둔 전세보증금만 달랑 남아 있거나, 빚만 있는 사례를 수없이 보게 된다. 이혼 관련 상담과 소송을 진행할 때는 재산분할 및 양육권 관련 소송을 위해 소득과 분할대상재산을 조사하게 되는데, 이때 분할대상재산명세표에는 적극재산(자산)과 소극재산(채무)을 모두 기재해야 한다. 이 과정에서 확인되는 건, 소득이 상당했음에도 자산을 축적하지 못한 경우가 생각보다 많다는 것이다. 사기를 당하는 등의 특별한 사정이 없었음에도 말이다.

수많은 이혼 소송을 통해 얻은 나의 결론은, 인간은 자신의 소비를 정당화하는 이유를 수십 가지도 만들어낼 수 있다는 것이다. 미래를 위해서, 경험을 위해서, 스트레스 해소를 위해서, 행복을 위해서 등 이유는 다양하다. 그러나 어떤 소비도 미래를 위해 돈을 모으는 것보다 장기적으로 유리하지 않다. 내가 인정하는 소비는 자기 계발을 위한 것, 좋은 멘토나 사람을 만나기 위한 것, 그리고 자산 축적을 위한 것, 이 세 가지뿐이다.

좋은 배우자를 만나고 싶다면, 그 사람이 얼마나 오래, 꾸준히 일해왔는지를 보라. 그간의 총소득과 지금까지 모아놓은 자산을 바탕으로 저축률을 계산해보라. 현재 자산이 적더라도, 성실하게 일하며 꾸준히 저축해왔다면, 그 사람은 훌륭한 배우자가 될 가능성이 높다. 결혼은 일종의 동업과 같다. 똑똑하고 현명한 사람과 동업해야 성공할 수 있다.

돈을 무계획적으로 지출하고, 미래에 대한 생각 없이 충동적으로 소비하는 사람과는 미래를 꿈꾸지 말라. 그리고 이러한 습관이 단시간에 바뀔 것이라는 기대도 접어라. 인간은 쉽게 변하지 않는다. 사업을 하거나 돈을 버는 데 재능이 중요하듯, 절약 역시 능력이다. 이런 능력을 갖춘 배우자와 산다면, 설령 가난해지려 해도 쉽지 않을 것이다.

즐겁게 일하는 사람을
선택하라

A씨는 40대 중반의 남성으로, 아내와 두 딸이 있다. 그는 항상 잠깐 일하다 금세 그만두곤 한다. 아내는 이런 남편에게 지쳐, 결국 자신이 일을 하며 아이들을 키우기 위해 애쓰고 있다. 그러나 A씨는 늘 좋은 직장을 구해도, '나는 이런 일을 할 사람이 아니야'라고 말하면서 얼마 지나지 않아 사직서를 제출해버린다. 이제는 40대가 되어 더 이상 좋은 직장에 다닐 수 있는 기회조차 생기지 않는다.

A씨는 지금까지 뚜렷한 성취나 성공을 거둔 적이 없다. 하지만 그는 자신이 성공하지 못한 이유는 기회가 없었기 때문이라는 강한 확신을 가지고 있다. 기회만 온다면 언제든 '한방'에 부자가 될 수 있다고 믿고 있다. 회사에서는 상사가 조금만 지적해도 버티지 못한다. 자신은 이런 하찮은 일을 할 사람이 아니라고 생각하기 때문이다. 회사를 그만둘 때마다 아내가 아무리 만류해도 소용이 없었다. 그리고 조금 돈이 생길 때마다 이를 종잣돈으로 사업을 시

작하곤 했는데, 현재까지 단 한 번도 성공시키지 못하는 바람에 많은 빚에 시달리고 있다. 그나마 독촉당하지 않는 이유는 주변 지인들에게 빌린 돈이기 때문이다.

그는 떵떵거리며 살고 싶다. 목표는 100억이다. 현재 통장에는 500만 원도 없지만, 반드시 부자가 되어 멋진 외제차를 끌고 다니면서 거들먹거리며 살고 싶다. 그러기 위해 자신은 노력하고 있다고 말하지만, 정작 고생하는 것은 아내와 아이들이다. 아내는 자녀를 부양하기 위해 쉬지도 못하고 일하고 있지만, 남편은 사업을 구상한다는 명목 아래 주변 지인들과 어울려 다니면서 술을 마신다.

이후 A씨는 또 한 지인과 동업을 시작한다. 귀가 솔깃한 제안을 받았다. 자신이 자금을 지원할 테니 A씨의 명의로 사업을 하자는 것이다. 돈 한 푼 들이지 않고 좋은 사업을 할 수 있다는 것에 현혹된 A씨는 이 제안을 수락하고 자신의 서류를 내어준다. 나중에 알고 보니 이는 모두 사기였다. 지인은 A씨의 서류를 이용해 각종 대출을 받은 후 돈을 들고 잠적해버렸다. 빚은 고스란히 A씨의 몫이 되었고, 그의 아내는 집으로 날아오는 빚 독촉장에 시달려야 했다. 현재 심각하게 이혼을 고려 중이다.

이혼 소송을 진행하다 보면, 이처럼 일확천금을 꿈꾸는 한량 남편을 둔 아내들의 사례를 자주 접하게 된다. 이런 남편은 아내에게 경제적 부담을 지우는 경우가 많고, 자녀가 성인이 되면 그들에게까지 손을 벌리기도 한다.

"나는 이런 일을 할 사람이 아니야"라는 말을 하는 남자 중에 제대로 된 사람을 본 적이 없다. 도대체 무슨 자신감으로 자신이 할 일과 못할 일을 가리는 것일까? 기회가 주어졌다면 어떤 일이든 우선은 시작해야 한다.

성장하는 사람들은 일을 가리지 않고 해내려 노력한다. 그리고 이러한 경험을 통해 실력을 쌓아간다. 작은 일에서 기회를 발견하고 앞으로 더 나아가기 위해 애쓰며, 자신이 하고 있는 일에 있어 전문가가 되기 위해 노력한다. 보통은 사회가 평가하는 것보다 스스로의 가치를 높게 평가하는 사람들이 '아직 기회가 오지 않았다'라는 말을 한다. 자기객관화가 전혀 되지 않고 있다는 방증이다.

사업을 한다고 하면서 폼 잡을 수 있는 일만 하고 싶어 하는 사람들이 있다. 혹시 주변에 이런 남자와 만나는 여자가 있다면 결혼을 말려라. 실속 없고 겉멋만 든 이러한 사고방식은 결혼 생활 내내 변하지 않을 것이다. 위 사례의 A씨가 그런 경우다. 사업하고 싶은 이유는 단순히 돈을 많이 벌기 위함이고, 돈을 많이 벌고 싶은 이유는 남들 앞에서 권위와 위세를 뽐내고 싶기 때문이다. 이런 사람들은 사업가가 아닌 '사업병에 걸렸다'고 표현할 수 있다.

자수성가한 사업가들 중에 직장 생활을 무가치하게 여기는 사람은 거의 없다. 오히려 회사에서 쌓은 경험과 노하우를 바탕으로 사업을 시작하는 경우가 더 많다. 심지어 아르바이트조차 기회를 발견할 수 있는 현장이 된다. 어떠한 일이든 배우는 것이 있으며, 이를 이용해 얼마든지 사업 아이디어를 떠올릴 수 있다.

내 주변의 자수성가한 부자들은 대부분 이런 식으로 시작했다.

동대문에서 막일을 하다가 의류를 취급하게 되고 훗날 발전해서 성공한 사람, 아르바이트를 해서 알뜰살뜰 모은 종잣돈 1천만 원으로 부동산 경매를 시작해 점차 불려나간 사람도 있다. 이들이 과연 그 일을 부끄러워하거나 하찮게 여겼을까? 절대로 그렇지 않다. 그들은 그 과정에서 많은 것을 배웠기 때문에 누구도 그때가 힘들었다고 회상하지 않는다.

사람들은 때때로 낙관과 헛된 희망을 구분하지 못한다. 진정한 낙관은 철저한 고민과 실패에 대한 인식에서 꽃피는 것이다. 이러한 고민과 실패에 대한 인식이 없는 행동은 세상물정을 모르는 아이와 같은 상태에서 거창한 일을 시작하는 것과 같다. 사업을 시작할 때는 성공을 믿어 의심치 않으며 불철주야 노력하는 것이 중요하다. 하지만 그와 동시에 실패할 가능성도 생각할 수 있는 사람이 지속적인 성공을 쟁취한다. 사람은 자신이 보고 싶은 대로 보게 되는 법이다. 그러나 이는 곧 허상임이 드러나게 되어 있다. 40대 중반의 무일푼 남성에게 좋은 사업적 기회가 오기는 현실적으로 어려울 것이다. 오히려 이런 사람들은 사기꾼들의 주요 표적이 되기 쉽다.

남자를 제대로 판단하려면 그가 일에 몰두하는 정도를 관찰해야 한다. 항상 자신의 일에 대해 고민하고 진지하게 노력하며 성실하게 일하는 사람은 자신의 꿈을 이룰 가능성이 높다. 그러나 사업을 한다고 이야기하면서도 일에 대한 고민이나 몰두가 없다면, 그 사람은 결국 말로만 떠드는 사람일 가능성이 높다. 이런 사람은 배우자로서는 최악이다. 매번 가정에서 돈을 빼내 자신의 헛된 욕망을 채우려 할 것이고, 이러한 시도는 대부분 실패로 돌아갈 것이다.

능력 있는 남자는 무슨 일이든 할 수 있다. 자존심보다 실리를 추구한다. 그러니 허드렛일도 기꺼이 받아들이고 즐겁게 일하는 사람을 배우자로 선택하라. 그런 사람과 함께라면 미래에는 큰 행복을 얻을 수 있을 것이다.

자녀보다
부부가 먼저다

A씨는 40대 중반의 여성이다. 4살 많은 남편과의 결혼 생활은 올해로 18년 차에 접어들었다. 슬하에는 고등학교 1학년 아들이 있다. 아들은 우등생으로 명문대 진학을 기대할 만한 성적을 내고 있어, 이들은 요즘 아들 보는 낙으로 살고 있다.

그러나 이 부부는 서로에게 애정이 없다. 경제적으로는 어렵지 않다. 남편은 전문직 종사자이고 사회적 명망도 있다. 그러나 A씨는 늘 삶에 공허함을 느끼며 살아가고 있다.

처음엔 자신을 사랑하지 않는 남편을 이해하지 못했다. 평생 연애 시절의 따뜻한 눈빛과 뜨거운 사랑을 유지할 거라 기대한 것은 아니었다. 하지만 결혼 후 서로 배려하며 행복하게 살고 싶었던 기대마저 무너졌다. 자녀를 키우면서 섹스리스 부부가 되었고, 10년 넘게 각방을 쓰고 있다. 이제는 어떻게 관계를 개선해야 할지 몰라 막막한 상황이다.

발단이 되는 뚜렷한 사건은 없었다. 자녀를 키우며 남편에게 소홀했던 것은 사실이다. 하지만 보통 엄마가 자식보다 배우자에게 더 관심을 두는 경우는 드물다. 이것이 문제라고 생각해본 적도 없었다. 그렇게 시간이 흐르면서 서로에 대한 관심은 점차 사라졌다. 대화는 아이에 관한 내용으로만 이어졌다. 한 번 끊어진 관계는 회복하기 어려워졌다. 부부는 서로의 관심사나 어려움을 이해하지 못했다. 함께 집에 있어도 서로 없는 사람처럼 대하며 각자의 일을 하는 생활이 반복되고 있다. 더 큰 문제는 자녀가 이기적으로 자라고 있다는 점이다. 성적은 좋지만 부모를 존중하지 않는다. 부모와 대화할 때도 냉담한 태도를 보이고 모든 것을 자기중심적으로 판단한다. 겉으로는 자랑할 만한 자식이 있는 번듯한 가정처럼 보이지만, 서로 배려하거나 사랑한다는 느낌은 없다.

한국의 많은 부부가 이런 문제를 경험한다. 애정 없이 자식을 위해 결혼 생활을 유지하는 것이다. 부부 사이에 대화가 단절되면 외도 가능성이 높아진다. 실제로 외도가 일어나도 자녀를 위해 겉으로만 부부 생활을 지속하는 경우가 많다. 이런 상황은 가정의 중심이 부모가 아닌 자녀일 때 주로 발생한다.

한국의 부모들은 자녀와 교육을 최우선 순위로 여긴다. 문제는 아이에게만 집중하면 부부 사이의 애정과 관심이 줄어든다는 점이다. 가정의 뿌리는 자녀가 아닌 부부가 되어야 한다. 이는 수많은 이혼 소송을 경험하며 얻은 결론이다.

부부가 서로에 대한 애정과 관심을 유지하면, 자녀는 그 정서적 유대를 빠르게 배우고 자연스럽게 인간관계 형성법을 익히게 된다. 부모 간의 따뜻한 관계는 아이에게 안정감을 준다. 부부 관계가 건강할수록 아이가 바르게 자랄 가능성이 크다. 그러니 진정 자녀를 위한다면 부부가 먼저 화목하기 위해 노력해야 한다.

건강한 부부 관계 속에서 자녀는 좋은 인간관계와 동반자의 의미를 자연스럽게 배우게 된다. 이는 말로 가르칠 수 없는 교육이다. 교육에서는 언어보다 비언어적 요소가 중요하다. 부모가 소통하며 감정을 공유하고 문제를 해결하는 모습을 보면서 아이는 갈등을 해결하는 방법을 배운다. 부모와 자식 간의 관계만 중시하면 성인 소통의 모델을 볼 기회가 줄어든다. 사람은 말보다 경험으로 배우기 때문이다.

부부 관계 악화의 원인에는 자녀 교육의 실패도 있다. 부모를 존중하지 않는 이기적인 자녀가 늘어나는 이유는, 부모의 권위 상실 때문이다. 자녀 교육에는 부모의 권위가 필요하다. 많은 이들이 '권위'를 부정적인 것으로 여긴다. 권위란 '지휘·감독하거나 통솔해 따르게 하는 힘'을 말한다. 한국에서는 친구 같은 부모와 자녀 관계를 이상적으로 여긴다. 자녀의 반말도 당연시한다. 그러나 부모는 아이에게 권위를 가져야 한다. 아이가 혼란스러울 때 기준이 될 존재가 필요하기 때문이다. 지금의 한국 사회에서는 부모의 권위가 무너진 가정이 많다. 물론 아이와의 친근한 정서적 소통도 중요하지만 이것이 부모의 권위를 포기해야 한다는 뜻은 아니다.

권위 없이는 훈육이 불가능하다. 《대학 학기》(김용옥 저)에서도 스승에 대한 존경이 없으면 진정한 배움이 없다고 밝히고 있다. 교수자에 대한 존경이 모든 학습의 시작이다. 그리고 핵가족 사회에서는 부모가 이 역할을 맡아야 한다. 자녀의 기본 태도를 형성할 시기는 어린 시절뿐이다. '세 살 버릇 여든 간다'는 말은 인간 성향에 관해서는 진실이다. 성인이 된 자녀를 바꾸기는 어렵다. 부부가 중심이 되어 건강한 가정 환경을 조성할 때, 자녀 교육도 자연스럽게 성공할 것이다.

배우자는 인재를 선발하듯
공들여 선택하라

A씨는 30대 초반의 여성이다. 그녀는 현재 교제하고 있는 남자 B씨가 있다. 35살의 B씨는 돈도 벌고 있고, 용모도 단정한 사람이다. 그러나 그에게는 치명적인 결점이 있었는데, 바로 전과가 있다는 것이다. 그는 젊은 시절 형사 재판을 받은 적이 있다. 돈을 흥청망청 쓰다가 부족해지자 지인에게 거짓말을 해 돈을 빌렸다가 갚지 못해 사기죄로 고소를 당한 것이다. 별 일 아니라고 가볍게 생각했던 B씨는 형사 기소되었고, 결국 징역 1년, 집행유예 2년이 선고되었다. 금액은 꽤 컸지만 부모님이 피해자와 합의를 하면서 실형은 면하게 되었다.

B씨에게는 도박 습관도 있었다. 그는 어린 시절부터 불량한 친구들과 어울리며 도박에 눈을 떴다. 성인이 된 이후에도 일을 하면서 늘 월급에 만족하지 못하고, 번 돈을 모두 도박으로 날렸다. 고등학교 때부터 친구들과 늘 해왔던 행동이기에 이런 습관이 문제

가 된다는 자각조차 없었다.

A씨는 B씨가 바뀔 수 있다고 믿었다. 사랑이 사람을 바꿀 수 있다고 믿었다. 결국 A씨는 도박을 끊는 것을 조건으로 B씨와 결혼했다. 그러나 신혼 초기부터 이들의 결혼 생활은 순탄치 않았다. B씨는 생각보다 빚이 많았고, 생활 습관도 엉망이었다. 규칙적인 생활을 견디지 못하고 자기 관리도 전혀 되지 않았다. A씨에게 약속했던 것과 달리 도박도 끊지 못했다. 계속해서 돈을 탕진했으며, 성실히 일하는 A씨와 달리 자주 회사를 그만두었다. 당연히 자산 축적이 어려워 신혼 시절부터 내내 월세 집을 전전하며 살아야 했다.

A씨는 자신의 월급으로 B씨를 부양해야 하는 상황이 지속되자 점점 지쳐 갔다. B씨에게 아무리 잔소리를 해도 잠깐 수긍할 뿐 습관이나 행동은 전혀 바뀌지 않았다. 그가 어울리는 친구들도 생각보다 훨씬 행실이 바르지 못했다. 늘 사건, 사고에 휘말리며 문제를 일으켰다. 최근에도 술집에서 다른 손님들과 시비 끝에 폭행 사건에 연루되었다. 그럼에도 B씨는 친구들을 옹호했고 관계를 끊을 생각이 없었다. 그들은 B씨에게 과거를 함께한 의리 있는 친구들이었기 때문이다. A씨는 후회했다. 사람을 너무 낙관적으로 판단했다는 것, 사랑에 눈이 멀어 상대를 객관적으로 보지 못했다는 것을 뼈저리게 반성했다. 현재 그녀는 이혼을 고민 중이다.

사람을 신뢰하고, 그 가능성을 믿는 것은 좋은 일이다. 그러나 어린 시절부터 형성된 사고나 습관, 행동을 교정하는 일은 쉬운 일이 아니라는 것 또한 명심해야 한다. 사람이 스스로의 의지나 깨달음이 아닌, 타인의 조언이나 지도로 변화할 가능성은 극히 낮다. 나이가 들어갈수록 이러한 경향은 훨씬 커지며, 현실적으로 30대 중반 이후에 사고 습관이나 행동이 바뀔 가능성은 거의 없다는 것이 내 생각이다.

도박이나 사행성 행위, 불법적인 행동에 한 번이라도 손을 뻗치게 되면, 정상적인 삶으로 돌아오기는 쉽지 않다. 인생에 있어 이보다 더 큰 도파민 보상 체계는 존재하지 않는다. 자극적인 삶, 이를 통한 희열, 쉽게 번 돈을 소비하면서 느끼는 쾌감 등은 한 번 뇌에 각인되면 지워버리기 어렵다. 이에 대해 회의감을 느껴 돌아오려 노력하더라도 이미 형성된 뇌의 경로를 새로 바꾸는 데는 지대한 노력이 필요하다.

나태, 불건전한 경제관념 같은 기본적인 삶의 태도는 생각보다 바꾸기 어렵다. 본인의 의지가 있어도 쉽지 않다. 한번 몸과 마음에 뿌리내린 생각이나 행동은 특별한 계기 없이는 바뀌지 않는다. 인간은 자신이 살아오던 방식을 고수한다. 사랑이 모든 것을 바꿔줄 것이라 착각하는 사람들도 있지만, 인간이 바뀌려면 문제점에 대한 자각과 변화할 수 있는 특별한 계기, 각성이 필요하다. 타인이 누군가의 삶을 변화시킬 수 있다고 믿어서는 안 된다. 수많은 이혼 소송을 진행하면서 다양한 가정 파탄 사례를 봐왔지만, 공통적인 요인은 한 성인이 다른 성인을 변화시키고 바꾸려 하는 것은 갈등만 심화시킨다는 것이었다. 어떤 인간도 조언이나 충고를 좋아하지 않는다. 배우자를 있는 그대로 수용할 준비가 되어 있지 않다면, 결혼을 하지 않는 것이 현명하다.

유년기와 청소년기에 형성된 습관은 향후 삶에 지대한 영향을 미친다. 인간은 자연스럽게 자신과 비슷한 생각, 말, 행동을 하는 사람을 곁에 두게 되어 있다. 위의 사례에서 B씨가 변화하기 어려웠던 주된 이유도 청소년 시절부터 함께했던 사람들이 변하지 않았기 때문이다. 같은 인간관계 속에서는 근본적인 변화를 기대하기 어렵다.

세상에는 변화를 원하지 않는 사람들이 훨씬 더 많다는 것을 기억하자. 말로는 달라지겠다고 하지만, 실제로는 변화를 전혀 원치 않으며, 있는 그대로의 자신의 모습을 사랑해주기를 바라는 것이 보편적인 심리라는 것을 기억하자.

나는 결혼을 기업이 인재를 선발하는 과정에 비유하곤 한다. 가장 공을 들여야 하는 일은 상대방의 본질을 파악하고 이해하는 것이다. 그리고 그 모습을 파악한 후에는 결혼 이후 그 모습이 나에게 어떻게 다가올지를 깊이 고민해봐야 한다. 그 사람의 변화를 기대하면서 선택하지 말라는 것이다.

좋은 사람을 보는 안목을 키우기 위해 노력하고, 그 사람을 이해한 후에는 내가 그 모습을 수용하고 존중할 수 있는지 성찰하는 과정이 행복한 결혼 생활의 시작이다. 배우자를 선택할 때는 단순히 조건이나 외적인 스펙보다, 그 사람의 가치관과 삶을 대하는 태도에 주목해야 한다. 결국 함께 살아간다는 것은, 누군가의 현재가 아니라 그 사람의 '삶을 사랑하는 방식'을 받아들이는 일이다. 결혼은 그 사람이 변할 거라 믿는 선택이 아니라, 변하지 않을 본질을 알아보는 선택이다. 결국 우리는 사랑이라는 이름 아래, 그 사람의 본질과 함께 살아가야 하기 때문이다.

인생 컨닝페이퍼 — 결혼

1. 배우자를 선택할 땐 그 사람의 본질을 파악하라

- 결혼은 인생에서 가장 중요한 결정 중 하나다. 동업자를 선택하듯
  신중하게 고려하라.

- 성실한 배우자를 만나고 싶다면, 그 사람이 얼마나 오래, 꾸준히
  일해왔는지를 보라.

- 말보다는 그 사람이 살아온 모습과 행적, 이루어낸 것을 보고 판단하라.

2. 경제관념을 핵심 기준으로 삼아라

- 저축률은 그 사람의 능력, 미래관, 사고관을 보여주는 핵심 지표다.

- 자산 축적은 단순한 돈의 문제가 아니라, 절제력, 지적 능력의 총체적
  결과다.

- 그 사람이 현재 모은 돈이 적더라도 성실하게 일하고, 꾸준히
  저축해오고 있다면 미래가 있다.

3. 일에 대한 태도를 살펴라

- "나는 이런 일을 할 사람이 아니야"라는 말을 하는 사람을 조심하라.

- 어떤 일이든 가리지 않고 성실히 하는 사람을 선택하라.

- 일확천금을 꿈꾸는 사람보다 현실적으로 노력하는 사람을 선택하라.

4. 주요 가치관의 일치를 확인하라

- 가족관, 경제관념, 자녀 교육 등 핵심 가치관의 일치 여부를 미리 확인하라.
- 결혼 후 돌변할 가능성이 있는 두 가지 가치관은 경제 습관과 가족관이다.
- 상대를 바꿀 수 있다는 환상은 버려라. 사람은 쉽게 변하지 않는다.

5. 부부 중심의 가정을 만들어라

- 자녀보다 부부 관계를 우선시해야 건강한 가정이 유지된다.
- 부부 간 애정과 존중이 있을 때 자녀도 올바르게 성장한다.
- 가족 구성원 모두가 각자의 역할에 책임을 다하도록 하라.

6. 상호 존중과 감사를 실천하라

- 가장의 권위를 지켜라.
- 가장의 노동이나 주부의 노동을 당연시하지 말고 서로의 노고를 인정하고 감사하라.
- 배우자에게 의존하기보다 자립하여 상대방에게 기여하려 노력하라.

7. 결혼에 큰돈을 들이지 마라

- 결혼 초기 비용을 최소화하고 미래를 위한 투자에 집중하라.
- 결혼식을 준비할 땐 타인의 시선이나 SNS의 화려한 모습에 현혹되지 마라.
- 처음부터 완전한 행복을 바라기보다, 점진적 행복과 기쁨을 추구하며 함께 미래를 설계하라.

4장 — 일

적당히 일하면
적당히만 산다

평생 할 게 아니라면
시작하지 마라

제목을 보고 아마 의문이 들었을 것이다. "아니, 요즘 시대에 처음부터 평생 직업을 찾으라는 거야? 세상이 얼마나 빨리 변하는데", "평생 할 게 아니라면 하지 말라는 뜻인가? 난 한 가지 일만 하면서 살 수는 없어", "실행하는 것이 중요해" 등의 반문도 있을 것이다. 지금의 10대, 20대 청년들이 흔히 하는 생각이다. 일과 직업에 대한 챕터를 이런 이야기로 시작하는 데는 이유가 있다. 다음의 사례를 보자.

20대 중반의 청년 A씨는 진로에 대해 깊은 고민에 빠져 있다. A씨의 부모님은 항상 "너 하고 싶은 일을 해라", "좋아하는 일을 해라"라고 말씀하신다. A씨 본인도 늘 그렇게 생각해왔다. 문제는 10대 때부터 자신이 좋아하는 것이 무엇인지 고민해왔음에도 아직까지 명확한 답을 찾지 못했다는 것이다. 그동안 여러 가지 일을 시도했다. 스스로 원해서 시작했지만 늘 한 달을 넘기지 못했다. 자신이 상상했던 이미지와 실제의 일은 달랐기 때문이다.

대학 입학 후에도 자신이 인생에서 해야 할 일에 대한 뚜렷한 인식은 없었다. 아무 생각 없이 공기업, 전문직, 공무원 준비를 시작했다. 그저 주변에서 그게 좋다고 했기 때문이다. 친구들도 모두 같은 시험을 준비하고 있었기에 이것이 옳은 길이라고 생각했다. 토익 점수나 학점을 관리하면서 로스쿨을 목표로 해 입학까지 했지만, 숨 막히는 경쟁과 법학 서적이 A씨의 마음을 짓눌렀다. 결국 로스쿨 공부에 적응하지 못하고, 스스로 그만두게 되었다.

현재 2030세대의 가장 큰 문제로 지적되는 것은 끈기 부족이다. 수많은 정보가 청년들의 눈과 귀를 자극하고, 온라인상에서는 진위를 확인할 수 없는 수많은 성공 사례가 떠돌아다닌다. 이러한 성공담은 젊은이들의 마음을 휘감는다. 꾸준히 오랜 시간을 들여 노력하면서 천천히 성장하게 되는 정도를 걷는 것에 대한 회의와 고민이 생기게 만든다. 실제로 많은 젊은이들이 이러한 이유로 회사에 들어가서도 경력이라 인정될 만한 3년의 기간도 채우지 못하고 퇴사하는 일이 자주 발생하고 있다.

일과 직업은 결국 자아와 관련이 있다. 인간은 자신의 소명을 발견하는 과정에서 삶의 의미를 찾는다. 한 인간이 세상에 태어나서 자신이 해야 할 일에 대해 고민하는 것은 지극히 당연한 것이다. '평생 할 것이 아니라면 시작하지 말라'는 조언의 핵심은 바로 여기에 있다. 자신이 인생에서 평생 추구해야 할 가치와 일을 어떻게 직업으로 연결시킬 것인가에 대한 진지한 고민이 필요하다는 것이다.

평생 해야 할 일이라고 생각하면 아무래도 더 신중해질 수밖에 없다. 물론 다양한 경험을 통해 적성을 찾는 것도 중요하지만, 그 과정에서도 자아와의 연결성을 탐구하는 자세가 필요하다. 처음부터 "일단 해보고 아니면 그만두면 되지 뭐"라는 마인드로 일을 시작하지 말라는 것이다. "내가 평생 이 일을 하면서 살아도 풍요롭고 의미 있는 인생을 살 수 있을 것인가?", "나의 소명은 무엇인가?"라는 질문을 던지면서 자신과 일에 대해 더 깊이 성찰해야 한다.

선택지의 다양함은 축복이 되기도 하지만 불행의 씨앗이 되기도 한다. 언제든 다른 선택이 가능할 때는 지금 선택한 일의 무게를 잊어버리고 오랜 시간 공들여 고민하지 않는 경우도 있기 때문이다.

시대에 따라 조언은 달라져야 한다. 과거 평생직장이 보장되던 시절에는 오히려 사람들이 한 직장, 한 가지 일만 생각했기에 낭패를 본 경우가 많았다. 인생에서의 예상치 못한 변수나 위험에 적응하지 못했기 때문이다. 그러나 지금의 청년들은 반대로 선택지가 너무 많아서 문제다. 한국 사회를 '정해진 답을 강요하는 사회'라고 흔히 말하기도 하지만, 실제로 10대나 20대 초반의 친구들과 이야기를 해보면, 3040세대와는 전혀 다른 생각을 가지고 있음을 알 수 있다. 중장년층은 이런 변화를 체감하지 못하다가, 자녀들이 취업하는 시기가 되어 직장을 선택하고 가볍게 그만두는 것을 목격하고서야 뒤늦게 세대 차이를 느끼곤 한다.

그렇다면 왜 20대 청년들은 쉽게 일을 그만둘까? 아주 단순한 답으로는 경제적으로 풍족하고 그들을 부양해줄 부모가 있어서이기도 하지만, 이전보다 많은 정보(나는 이것을 '소음'이라 부르지만)에 노출되면서 자신이 해야 할 일에 대한 확신을 갖지 못하게 된 까닭도 있다. 사명이라는 개념이나 자신의 일에 대한 인식, 사회적 가치가 모두 붕괴된 것이다. 많은 이들이 가치보다는 금전적 이익이나 워라밸에 대한 생각만 한다. 그러나 아이러니하게도, 단기적 이익만 추구하면 오히려 돈을 벌기 어렵다. 일시적인 이익이나 당장의 상황에 판단이 좌우될 수 있기 때문이다.

20대 청년들의 일에 대한 생각은 시대 변화에 따른 것이기도 하지만 교육 때문이기도 하다. 직업에 대한 인내심은 결국 자신에 대한 이해와 삶에 대한 목표 의식에서 비롯된다. 진로를 탐색하는 과정에서 다양한 경험을 해보는 것은 분명 도움이 된다. 하지만 인생에서 중요한 선택을 할 때에는 "이 일을 평생 해도 괜찮을까?"라는 질문이 반드시 선행되어야 한다. 그런 질문이 없다면 일을 할 때 버티기도 어렵고, 작은 고난이나 고통에도 쉽게 포기하고 수시로 일을 바꿀 수 있기 때문이다.

A씨가 자신이 할 일에 대해 오랜 시간 고민했음에도 의미 있는 결론을 도출해내지 못했던 이유는, 자신이 좋아하는 일, 하고 싶은 일이 무엇인지를 넘어 자신의 '사명'에 대한 성찰이 부족했기 때문이다.

10대와 20대 초반에 형성되는 일에 대한 생각, 자신의 삶과 직업적 사명에 대한 고민은 향후 인생 전반에 지대한 영향을 미치게 된다. 단순한 기호나 유행, 이익에 따라 선택이 계속해서 바뀐다면 그 사람은 결코 성공할 수 없을 것이다. 시대의 변화나 유행을 읽고 이에 적응하는 것은 중요한 일이지만, 그 기저에는 반드시 흔들리지 않는 가치관과 사명 의식이 있어야 한다.

일에는 냉혹하고
휴식에는 관대한 사람들

한 커뮤니티에서 대학생들을 대상으로 실시한 설문 조사를 본 적이 있다. '주 6일을 일하고 월 1,000만 원을 버는 것과, 주 3일 일하고 월 300만 원을 버는 것 중 어떤 것을 선택할 것인가' 하는 질문이었는데, 학생들의 80%가 주 3일 일하고 월 300만 원을 벌겠다고 답했다. 그만큼 내 시간을 갖는 것이 더 중요한, 흔히 말하는 '워라밸'이 중요한 시대가 된 것이다.

'워라밸Work and Life Balance', 즉 일과 삶의 균형이란, 일에 매몰되어 다른 것을 살피지 못하는 삶이 아닌, 가정, 여가, 휴식 등에 충분히 시간을 배분한다는 의미다. 해석하자면 가정, 여가, 휴식을 일과 분리된 삶Life에 대응해서 생각한다는 것이다. 워라밸 개념의 등장 배경에는 세대 간 격차, 결혼 생활과 가치관의 변화 등 사회문화적 전환에 그 원인이 있다. 그러나 나는 이 개념을 좋아하지 않는다. 일과 삶을 분리해서 생각하는 방식 때문이다.

최근 20대의 상당수는 일에 몰입하지 못할 뿐만 아니라, 그 안에서 의미도 찾지 못하고 있다. 한편, 전반적인 사회 흐름을 보면 근로 시간은 줄어들고 있고, 일과 가정의 양립 지원에 관한 법률, 고용보험법 등을 통해 근로자들을 위한 복지 지원은 확대되고 있다. 육아 측면에서도 공무원이나 공공기관에서는 육아기 단축 근로를 시행하고 있으며, 최근에는 주 4일제 논의도 시작되었다. 하지만 이러한 제도적 개선에도 불구하고 젊은 세대의 직장 생활 만족도는 여전히 낮은 상황이다.

일은 단순히 돈을 벌기 위한 수단일 뿐이고, 그 돈은 내 삶을 즐기는 데 사용하기 위한 것이라고 생각하는 사람들이 많다. 일 자체를 삶의 주요 요소라고 여기는 사람들은 점차 줄어들고 있음이 분명하다. 이러한 현상은 한국 사회만의 문제도 아니다. 서구권 국가들의 청년들 역시 비슷한 가치관의 변화를 경험하고 있으며, 일과 삶의 균형을 중시하는 경향을 보이고 있다.

나는 일과 삶을 분리해서 생각하지 않는다. 삶에는 칼로 무를 자르듯 명확히 나눌 수 없는 개념들이 많다. 특히 일은 삶에서 분리해서 생각해서는 안 된다고 믿는다. 일은 삶이고 삶은 곧 일인 것이다.

삶에서 일을 별개로 여기는 것은 인생의 1/2 이상을 버리겠다고 다짐하는 것과 같다. 보통 사람들이 일주일에 40시간을 근로한다고 가정해보자. 수면 시간을 평균 8시간으로 책정하고, 식사 및 가벼운 휴식, 기타 생활 시간을 대략 계산하면 총 13~14시간을 일

외의 시간으로 사용하게 된다. 24시간 중 나머지 시간은 출근 준비 시간, 실제 근로 시간, 통근 시간에 해당된다. 결국 이러한 일과 관련한 많은 시간을 어떻게 인식하고 받아들이느냐가 삶의 행복도를 좌우할 수밖에 없다.

실질적으로 하루 중 여가 시간이 고작 2~3시간에 불과하다면, 일과 관련한 시간은 10시간에 달한다. 시간을 완전히 칼로 베듯 정확히 나눠 쓸 수는 없기에, 일에 지치면 그 2~3시간의 여가 시간도 망가지게 된다. 일에 지쳐 녹초가 된 사람이 집에 와서 무엇을 할 수 있을까. 여기서 '녹초'가 되었다는 것은 '정신적인 소진'을 의미한다. 일을 통해 자신을 발견하지 못하는 사람은 결국 번아웃 증세를 보이게 된다.

일과 삶을 분리하는 태도는 일을 단지 삶을 위한 준비 과정이나 생존 수단으로만 인식하게 만든다. 그래서 일과 관련한 행복감이나 자기 효능감을 떨어뜨린다. 일을 그저 삶을 즐기기 위한 수단으로 대하게 되면 정신적 에너지는 더 빠르게 소진될 것이고, 그 과정에서 행복도 맛볼 수 없을 것이다. 마치 학창 시절, 학교가 끝나기만을 학수고대하며 마지막 시간을 보내던 학생들과 같은 마음인 것이다. 종이 울리자마자 교실 문을 박차고 나가기 위해 가방을 챙기고 있는 모습처럼 말이다.

일하는 게 즐겁기만 한 사람은 세상에 없을 것이다. 그러나 일을 할 때 적어도 의미나 보람은 찾을 수 있어야 한다. 개인적으로는 즐거움도 찾을 수 있어야 한다고 믿지만, 모두가 이런 행복을 누릴 수는 없는 것이 현실이라는 것을 잘 알고 있다.

'워라밸'이라는 개념은 일에서 느낄 수 있는 의미나 보람을, 회사 밖 여가 생활이나 가족과의 시간에만 존재하는 것으로 한정 지어버린다. 이러한 가치도 물론 소중하지만, 이왕이면 일을 할 때도 즐거움과 의미를 찾을 수 있는 방향으로 사고를 전환하는 것이 더 바람직하다. 워라밸이라는 단어는 본질적으로 일보다 여가에 초점을 둔다. 이 단어를 계속해서 외치고 생각할 때마다, 우리의 머릿속에서는 일을 부정적인 것으로 인식해서 날이 갈수록 직장 생활을 고통스럽게 느낄 가능성이 높아진다. 최근 젊은 세대가 계속해서 퇴사를 반복하는 것도 사실은 일과 휴식에 대한 개념을 잘못 정립했기 때문이라고 볼 수 있다.

새해를 맞아 운동을 시작했다고 가정해보자. 운동 그 자체에 흥미를 붙이는 쪽으로 생각의 방향을 정할 것인가, 아니면 운동은 고통이며 '이 운동이 끝나자마자 다른 재미있는 일을 할 것이니 지금은 참자'라고 생각할 것인가. 어느 것이 심신의 건강에 더 좋을까. 답은 뻔하지 않은가? 일을 할 때는 일 자체에 흥미나 보람을 느끼도록 해야 오래 지속해도 지치지 않는다. 일이라고 다를 리 없다.

최근에는 무엇이든 사회 제도나 경제 구조의 문제를 통해 현상을 분석하고 해결하려는 경향이 강하다. 워라밸 개념 역시 이러한 관점에서 등장했으나, 근본적인 한계를 지니고 있다.

워라밸은 표면적으로 근로자의 삶의 질을 향상시키기 위한 개념처럼 보이지만, 실상은 일과 삶을 분리하는 이분법적 사고를 강화하는 문제가 있다. 이 개념은 직장에서의 시간은 견뎌내야 할 것으로, 진정한 삶은 퇴근 후에만 있는 것으로 우리의 인식을 왜곡한다.

더 큰 문제는 워라밸이 노동 자체의 의미와 가치를 재고하기보다, 단지 노동 시간을 줄이는 것에만 초점을 맞춘다는 점이다. 노동법과 같은 사회 제도를 통해 근무 시간을 규제하는 방향으로만 해결책을 모색하는 것은, 일의 본질적 가치 회복이라는 더 중요한 과제를 간과하게 만든다.

결국 워라밸 담론은 일과 삶의 진정한 통합이나 일 자체의 의미 회복보다는, 단지 노동 시간과 여가 시간의 양적 배분에만 관심을 두는 피상적 접근에 그치고 있다. 이러한 접근은 입법적 변화를 이끌어낼 수는 있지만, 일에 대한 사람들의 근본적인 태도와 인식 변화를 이끌어내기에는 한계가 있다.

워라밸의 쟁점 중 또 하나는, 그렇다면 과연 '휴식에 쓰는 시간은 일과 밸런스를 맞추고 있는가'이다. 일하는 시간은 지나치지 않도록 신경 쓰면서 휴식에는 한계를 두지 않는 건 아닐까? 워라밸의 개념을 제대로 충족시키려면 휴식에도 한계를 두어야 한다. 아우렐리우스의《명상록》에는, 휴식에 한계를 두지 않으면 나태로 직결된다는 내용이 나온다. 워라밸이라는 개념이 나태로 변질되는 것은 순식간이다. 사람은 언어의 노예다. 어떤 개념이 두뇌를 지배하는지에 따라 무의식과 의식의 층위에서 많은 행동 패턴이 달라지며, 실제로 세상을 인식하는 방법도 달라진다.

내 주변에는 사고의 전환을 통해 삶의 변화를 이끌어낸 사람들이 많다. 20대 초반에 가야 할 길을 찾지 못하고 방황하던 내 친구는 변화가 필요한 순간, 가장 먼저 휴식과 일에 대한 개념을 재정립했다. 이 친구는 일하는 시간을 줄인다는 생각보다 어떻게 휴식을 취할 것인지에 더 관심을 가졌다. 20대 초반에 명상을 시작했고, 일하는 도중에 자신만의 스트레스 해소 방법인 산책을 적극 활용했다. 풀리지 않는 문제가 있으면 밖으로 나가 30분 정도 걷는 식이다. 꾸준한 운동은 기본이다.

어떻게 하면 덜 일하고 더 놀까를 생각하지 말고, 자신에게 맞는 휴식 방법을 찾는 데 집중하는 것이 '리프레시'라는 목적에는 더 효과적이다. 이런 접근법으로 일할 때 훨씬 더 효율적으로 일할 수 있고, 스트레스도 많이 줄일 수 있다. 산책이라는 자기만의 방법을 찾은 이 친구는 번아웃 없이 승승장구해, 현재 연 매출 100억 원을 기록하는 스타트업의 대표가 되었다.

휴식은 중요하다. 그러나 단순히 일에서 벗어나는 시간으로만 인식하는 것이 아니라, 어떻게 재충전할지에 대한 방법을 고민하는 것이 더 바람직하다. 자신에게 맞는 휴식 방법을 찾으면 일에 대한 관점도 자연스럽게 바뀌게 될 것이며, 훨씬 더 행복하고 즐겁게 일할 수 있게 될 것이다.

퇴사하고
사업이나 할까?

'퇴사'는 코로나 바이러스가 창궐했던 시기의 주요 키워드였다. 퇴사를 꿈꾸며 수많은 직장인들이 투자와 사업에 뛰어들었다. 저금리에 따른 부동산, 주식, 가상화폐 가격의 상승으로 실제로 퇴사의 꿈을 이룬 직장인들도 많다. 지금도 자영업자의 수는 날이 갈수록 증가하고 있다.

나는 퇴사에 대해 신중해야 한다는 입장이다. 사람들에게 당장의 달콤한 이야기보다 현실을 냉정히 판단하라고 조언한다. 물론 평생 회사에 의존해서 살라는 말이 아니다. 자영업이나 투자에 전념한다고 해서 좋은 성과가 나올지는 미지수이기 때문에 더 신중해야 한다는 의미다. 간혹 회사라는 체계가 맞지 않는다고 하소연하는 젊은 세대의 고민 상담을 해주다 보면, 대부분은 진짜 자신의 사업이나 길을 걷기 위해 고민하는 것이 아니라, 현재 재직 중인 회사에 대한 불만족과 근로에 대한 고통, 경험의 부재로 인한 타업종,

타회사에 대한 환상이 퇴사 욕구의 기저에 있음을 발견하게 된다.

주변의 젊은 나이에 사업으로 성공한 사람들의 경우, 돈에 대한 욕심이 크거나 더 나은 삶과 지위에 대한 열망이 있는 사람들이 많았다. 주로 사업가 집안에서 성장해 어린 시절부터 돈에 대한 개념을 습득하고, 사업 구조에 대해 자연스럽게 생각할 기회가 많았던 사람들이다. 하지만 오랫동안 회사 생활을 하던 사람이 갑자기 '짠'하고 사직서를 회사에 던진 후 세상에 나왔을 때, 과연 무엇을 할 수 있을까? 회사에서의 경력을 곧바로 활용할 수 있는 사업 아이템이라면 모르겠으나, 대부분의 경우 재직했던 회사 업무와 연계된 프리랜서 활동을 통해 소득을 얻거나, 음식점, 도소매업 등의 자영업을 고민하는 경우가 많을 것이다.

인정하자. 상당수의 사람들은 사업에 적합하지 않다. 물론 나는 인간의 성장 가능성을 믿는다. 무슨 일이든 시도하고 실행하면서 빠르게 습득하는 사람들이 있다. 부딪혀보면서 깨닫는 사람들인 것이다. 그러나 문제는 돈이다. 퇴사할 때 받은 퇴직금이 언제까지 남아 있을 수 있을까. 회사 생활을 하며 모아놓은 돈은 언젠가 바닥을 드러낸다. 자금 고갈까지 과연 얼마나 버틸 수 있을까.

예를 들어, 40대의 누군가가 다시 대학에 들어가고 싶다며 수능 공부를 시작했다고 생각해보자. 이 사람이 수능을 봐서 1등급이 나올 확률은 얼마나 될까? 이미 오랜 시간 공부에 매진하고 끊임없이 노력했던 기존 수험생들과의 경쟁에서 살아남을 수 있을까? 1등급이 되려면 이들의 벽을 뚫거나 적어도 이들과 동급이 되어야 할 것이다. 이것이 바로 40대의 퇴사 후 창업 상황에 비유할 수 있는 현실이다.

사업 아이템을 보는 안목도, 이를 팔아서 이윤을 남길 수 있는 능력도 모두 그냥 생기는 것이 아니다. 사업하는 집안에서 자라온 사람의 경우에는 의식적, 무의식적으로 이런 능력이 배양되어 있기도 하다. 자연스러운 학습이 일어난 것이다. 그러나 그런 환경에 노출되어 본 적이 없는 사람이 퇴사하자마자 창업해 성공을 하는 것은 기적에 가깝다. 기존에 받던 월급 수준의 이익을 내는 것조차 어려운 일일 것이다.

퇴사한 사람 입장에서는 무엇을 해야 할지 모르면서도 어느 정도 수익을 보장받고 싶다는 생각을 하게 된다. 적어도 먹고사는 수준은 되었으면 하는 것이다. 이 때문에 이미 노하우가 축적되어 있고 돈만 내면 여러 절차를 간편하게 해결할 수 있는 프랜차이즈로 가게를 차리는 경우가 많은데, 보통은 돈만 잃게 된다. 돈을 버는 것은 프랜차이즈 가맹점이 아니라 본사다. 창업을 했다면 더 이상 당신을 보호해줄 방어막은 없다. 근로자일 때 적용되던 근로기준법도 없다. 열심히 일해도 월급이 나올 수 있을지 알 수 없다. 빚을 지지만 않아도 다행인 상황이다. 분명 기회도 있지만, 그에 상응하는 큰 리스크가 공존하는 세계가 바로 '사업'이다.

보통 자기계발서에서는 부자들의 각종 성공담이 화려하게 펼쳐진다. 그들이 겪은 시행착오보다는 성공 스토리가 자세한 묘사 없이 서술되어 있다. SNS 상에서도 진위를 알 수 없는 엄청난 성공담이 넘쳐난다. 퇴사 후 창업해서 성공했다는 A씨의 모습에는 리스크가 보이지 않는다. 답답한 회사로 출근하지 않아도 된다는 퇴사의 달콤한 유혹이 마음속 깊이 자리 잡는다. 꼴 보기 싫은 상사의 얼굴을 보지 않아도 되고, 아침에 휴대폰 알람소리를 들으며 억지로 일어나야 하는 일도 없을 테니 얼마나 행복할까. 일하고 싶을 때 일하며, 여행 가고 싶을 때도 언제든 시간을 내서 갈 수 있을 것 같다. 그리고 이런 모습은 수없이 많은 책과 SNS에 실제로 존재한다. 퇴사를 원하는 사람에게는 퇴사 후 성공한 사람들의 이야기만 노출되기 때문이다. 이는 전형적인 확증 편향이 작용하는 것으로, 머릿속에서는 이미 결론을 내리고, 그에 맞는 합당한 근거만 선별적으로 찾아내는 것이다.

현실은 폐업률이 말해준다. 엄청난 수의 자영업자가 빚에 허덕이며 회생, 파산 신청을 하고 폐업한다. 냉정하게 판단해보자. 내가 과연 이미 많은 경험을 쌓은 사업자들이 경쟁하는 세계에 들어가 성공할 수 있을지 자문해보자. 저들보다 가진 능력이 출중한가? 내가 횟집을 차려서 20년 동안 일식을 연구했던 요리사보다 더 잘할 수 있을 것인가? 평생 마케팅, 영업 관련 책 한 권이라도 본 적이 있는가? 아마 1,000원짜리 상품 하나 팔아본 경험이 없는 사람이 대다수일 것이다.

마음 편하게 사장실에 앉아서 이것저것 지시하던 사장의 모습을 보며 "참 쉽게 돈 버는구나" 하고 생각하고 있었다면, 창업할 생각은 버려라. 경영자의 길을 선택하는 순간 고민과 번뇌 속에서 살게 될 가능성이 크다. 회사에서 당신이 담당했던 업무는 극히 일부에 불과하다. 그동안 사업을 하기에 유리한 업종에서 경험을 쌓으며 노력해왔다면 훨씬 더 나은 미래를 꿈꾸어볼 수도 있지만, 그렇지 않다면 창업은 신중히 고민하라. 혹시 근로자는 늘 피해를 입고 있으며 착취당하고 있다고 생각해온 사람이라면 사업은 더욱 쉽지 않을 것이다. 회사 생활 중에 사업가의 입장에서 생각하는 습관을 익혔던 사람이 아니라면, 창업 초기부터 난관에 부딪히게 될 것이다.

내 지인 중에 이러한 난관을 극복하고 대기업에서 퇴사한 후 성공적으로 음식점을 운영하고 있는 사람이 있다. 그는 회사에서 근무할 때부터 자신의 재능에 대해 자각하고, 타 부서의 업무에도 관심을 가졌다. 자기 부서뿐만 아니라 다른 부서 사람들과도 여러 모임을 통해 어울렸으며, 특히 마케팅에 많은 관심을 가졌다. 또한 자신에게 주어진 업무 외에 다른 업무를 경험해보려 노력했다.

나 역시 다양한 업무 경험을 위해 노력해왔다. 보통 회사에 소속되어 있는 변호사는 재판과 송무에만 집중한다. 나머지 업무에 대해서는 직원이 처리하는 경우가 많은데, 나는 재판에 필요한 업무, 특히 각종 비용 처리, 세무 처리, 실제적인 업무 프로세스 등을 직원들과 소통하며 익혔고, 이러한 경험이 나중에 독립할 때 큰 도움이 되었다. 그 지인도 마찬가지였던 것이다.

그는 여기서 한 발 더 나아가 '아이보스'와 같은 온라인 마케팅 포털에서 다양한 전문가들과 접촉하고 관련 콘텐츠를 찾아보기도 했으며, 퇴사 전 다른 지인의 사업을 도우면서 배운 마케팅 방법을 활용해보기도 했다. 그리고 이러한 경험치가 2~3년 정도 쌓이자 실제로 효과적인 마케팅 방법을 체득하게 되었다. 그는 회사 재직 시절에도 여러 소셜 모임에 나가 다양한 사람들을 만났다. 자신이 난관에 부딪혔을 때 조언을 구할 사람들을 많이 만들어두었던 것이다. 변호사나 세무사들과도 자연스럽게 교류했으며 성공한 사업가들과의 대화를 통해 마케팅과 세일즈에 대한 실용적인 통찰력을 쌓았다. 철저한 공부와 준비는 모든 성공의 필수 요소인 것이다.

안 되는 건
과감하게 포기할 용기

전문직에 몸담고 있다 보면, 오랜 시간 시험을 준비하는 고시 장수생들의 이야기를 듣기 마련이다. 변호사 업계에는 전설처럼 떠도는 이야기가 있다. 40대에 사법시험 준비를 시작해 기적처럼 합격했다는, 사실이 확인되지 않은 사례들이다. 실제로 최고령 합격자의 경우 법률신문 등에 종종 기사가 나곤 했는데, 대부분은 20대부터 사법시험을 준비했다가 낙방한 후 십수 년이 지나 다시 공부를 시작해서 합격한 경우였다. 그들은 '14전 15기' 같은 불굴의 의지를 가진 사람으로 칭송받는다. 그러나 세상에는 오래 시험을 준비해도 합격하지 못하는 사람들이 더 많다. 그래서 기적처럼 합격한 이들이 더 화제가 되는 것이다.

A씨는 20대 초반의 평범한 대학생이었다. 집안의 권유로 법학과에 진학했고, 사법시험이나 공직을 준비하는 사람들이 대부분인 환경에서 A씨 역시 자연스럽게 사법시험, 공직을 준비하게 되었다.

신입생 때는 진로나 경험에 큰 가치를 두지 않았다. 사람은 대개 눈앞에 닥친 일이 아니면 움직이지 않는다. 자신에게 크게 와닿거나, 문제를 직접 경험하고 나서야 해결책을 찾기 시작한다. A씨도 그랬다. 주변 선배들은 우선 대학 생활을 즐기라고 조언했다. 그들은 졸업할 즈음부터 시험을 준비했고, 3~5년 정도 후에 합격했다는 소식을 전했다. A씨는 자신도 그 정도 시간만 준비하면 합격할 것이라고 확신했다. 그렇게 20대 초중반을 즐기며 보낸 A씨는 졸업 무렵부터 시험 준비를 시작했다. 그러나 예상과는 다르게 수험 생활은 계속 길어져만 갔다. 1차 시험은 바로 합격했지만 늘 1~2점 차이로 2차 시험에서 낙방했다. 수험 생활을 시작한 지 5년이 지났으나 계속 합격하지 못하고 30대 초중반이 되었다. 보통 수험 생활은 일정 시기가 지나면 집중력이 떨어지고 실제로 합격률도 급감한다. A씨는 불안해지기 시작했고, 이러한 불안감이 시험에 더욱 집중하지 못하게 만들었다.

이 사례는 어떤 일이든 오래 한다고 무조건 성공할 수 있는 것은 아니라는 진리를 깨닫게 해준다. 인생에서 가장 중요한 건 '자기만의 게임'을 정의하는 것이다. 세상에서 자신의 활동 영역을 설정하고, 어떤 분야에서 역량을 발휘할지 결정하라는 의미다. 만약 내가 축구에 재능이 있고, 이를 통해 인정받고 싶다면 축구를 선택해야 한다. 농구장에 가서 농구를 하는 것은 적합하지 않다.

사람들은 이러한 선택을 흔히 적성이나 재능의 문제로 설명하지만, 자신의 게임을 정의하는 것은 이보다 더 복합적인 문제다. 단순히 자신의 강점을 아는 것에 그치지 않고, 인생의 의미와 방향을 어떻게 설정할 것인지 스스로에게 묻는 과정이기도 하기 때문이다. 즉, '자기만의 게임'을 정의한다는 것은, 자신의 가치와 우선순위에 따라 삶의 틀을 만들어가는 일이다.

때로는 하고 싶은 경기와 잘하는 경기가 일치하지 않는 경우도 있다. 나는 축구 경기에서 인정받고 싶지만, 실제로는 농구 경기를 더 잘할 수도 있다. 그럴 땐 어떤 선택을 하는 게 옳을까? 개인의 선택과 가치관에 달린 문제지만, 나라면 농구 경기를 선택할 것이다. 문제는, 사람들은 보통 타인에게 '하고 싶은 것보다 잘하는 것을 선택하라'는 조언을 들으면 무의식적으로 거부감을 느낀다는 것이다. 이는 내가 진행했던 수많은 진로 상담과 멘토링 과정에서 경험한 사실이다.

사람들은 불편한 조언에 감정적인 반응을 보인다. 우선은 거부하고 때론 반감을 드러낸다. 그중에서도 특히 받아들이기 어려운 충고가 바로 '진로 선택'에 관한 것이다. 그러나 우리는 거슬리는 충고라도 유익한 내용이라면 긍정적으로 수용하는 태도를 기르는 훈련을 할 필요가 있다. 쓴소리가 삶을 변화시키는 계기가 되는 경우가 많기 때문이다.

오랫동안 시간과 노력을 투자한 공무원 시험, 전문직 시험을 한순간에 포기하는 일은 쉽지 않다. 누군가는 20대 내내 수험 생활을 하기도 한다. 자신의 인생에서 10년, 그것도 청춘의 시기에 그 공부에만 전념한 사람에게, 포기하라는 말은 인생을 포기하라는 말처럼 들릴 수도 있다. 경제학에서는 이를 '매몰비용의 오류'라고 말한다. 매몰비용의 오류는, 사람들이 이미 지출된 비용 때문에 현재 비합리적인 선택을 하게 되는 현상을 말한다. 그러나 아이러니하게도 이 포기가 오히려 새로운 선택으로 이끌고, 삶을 바꾸는 전환점이 되기도 한다.

기회는 항상 우리 앞을 지나가고 있다. 단지 시험 준비에만 몰두하다 보니 이런 기회를 발견하지 못할 뿐이다. 제한된 공간에서는 제한된 목표를 추구할 수밖에 없다. 시험 준비가 자신의 적성과 맞지 않는다고 판단했다면, 과감히 다른 길을 선택해야 한다. 때에 따라서는 전략 수정이 필요하다. 원하는 것과 잘하는 것이 다르면 잘하는 분야를 택해야 한다. 궁극적으로 원하는 것을 이루기 위해서라도 우선은 자신의 강점을 살려 생존하는 것이 중요하다. 생존에는 고집보다 유연함이 유리하다.

사람은 누구나 잘하는 것이 있다. 그 분야를 선택하면 삶에서 기회를 잡을 수 있다. 삶을 도박에 비유하자면, 핵심은 '승산'을 따질 줄 아는 것이다. 승산을 따질 줄 모르면 도박을 해서는 안 된다. 시험공부도 마찬가지다. 자신이 공부로 승산이 있는지 판단하고, 승산이 없다면 판을 바꿔야 한다.

내 주변에는 오랜 시간 사법시험이나 행정고시를 준비하다 진로를 바꾸고 성공한 사람이 많다. 그들은 오랜 시간 준비했던 시험을 포기한 것이 아프지만 의미 있는 경험이었다고 말한다. 자신의 약점과 강점을 파악하는 계기가 되었기 때문이다. 한 친구는 부모님의 권유로 전문직 시험을 준비했다. 그러나 머지 않아 정해진 시간에 정해진 내용을 공부해야 하는 시험이 자신의 적성에 맞지 않음을 깨달았다. 틀에 박힌 일보다 새로운 도전을 통해 자신의 능력을 시험해보는 것이 더 행복하다고 느꼈다. 결국 그는 시험을 포기한 후 사업의 길을 선택했고, 지금은 그 선택이 옳았음을 증명하듯 성공적으로 제2의 인생을 살고 있다. 자신에게 맞는 인생의 게임을 정의하고 새로운 시도를 하는 것이야말로 인간에게 부여된 자유의 가치다.

물론 선택은 언제나 쉽지 않다. 무언가를 시작할 때는 신중히 고민해야 한다. 인간은 늘 실수를 저지르기에, 인생을 하나의 원칙에 맞춰 살아가기는 어렵다. 고전에서 상반되는 격언이 등장하는 이유도 사람이 처한 상황에 따라 판단이 달라지기 때문이다.

삶에 필요한 통찰은 그다지 많지 않다. 우리는 그중에서도 진짜 필요한 것들을 먼저 챙기고 공부해야 한다. 무엇보다 가장 중요한 것은 '나 자신'에 대한 이해다. 내가 어떤 사람인지, 어떤 능력과 성향을 가졌는지 파악하는 것이 모든 선택의 기반이 된다. 청소년기와 20대에는 에너지의 상당 부분을 자기 자신을 이해하는 데 집중하는 것이 좋다. 그래야 삶의 토대가 단단해진다. 이때는 설령 잘못된 선택으로 실패를 경험하더라도, 이를 자신을 더 깊이 발견하는 계기로 삼아 더 나은 길을 모색할 시간이 있기 때문이다.

하루 8시간 근무로는
부를 얻을 수 없다

근로기준법 제50조는 노동 시간을 주당 40시간으로 규정하고 이를 초과할 수 없다고 명시하고 있다. '연장 근로'를 하게 되면 시급의 1.5배를 가산해 임금을 지급해야 하고, 당사자와 합의되었을 때에만 주당 최대 52시간까지 근로가 가능하도록 규정하고 있다.

이와 같은 법령의 도입은 19세기 후반부터 세계 각국에서 시작되었다. 이에는 여러 원인이 있으나, 극심한 노동 착취로 인해 노동자들의 수명이 급감했던 문제의 재발을 방지하고, 사람들에게 소비할 시간을 주기 위한 자본주의적 이유도 있다. 과도한 노동을 규제하기 위해 세계 각국의 근로 시간 제한 규정은 점점 강화되었고, 그 결과 법정 근무 시간은 계속 감소해왔다. 국제노동기구ILO도 이에 관한 권고를 지속하고 있다. 세계적인 추세를 볼 때 한국 역시 노동 시간은 계속해서 줄어드는 방향으로 법이 개정될 가능성이 높다. 실제로 정치권에서는 주 4.5일제 또는 주 4일제 도입 논의도 진행 중이다.

그렇다면 성공한 사람들은 과연 이러한 근로 시간 규정을 칼같이 지키며 살고 있을까? 그렇지 않다. 그들은 업무 시간을 측정하지도 않는다. 적어도 내 주변의 자수성가한, 성공한 이들 중에는 하루 8시간만 일하는 사람은 없다. 어느 지인은 자신이 몇 시간 일하고 있는지 헤아릴 생각조차 하지 않는다. 심지어 일을 취미라고 표현하기도 한다. 휴식과 일, 이 두 가지 범주만 있을 뿐이다. 그럼에도 그는 성공적이고 의미 있는 삶을 살고 있다. 가족과도 원만한 관계를 유지하고 있으며 업무에서도 탁월한 성과를 올리고 있다. 그도 휴식이 중요함을 잘 알고 있다. 자신만의 휴식법도 가지고 있고, 명상과 운동도 매일 한다. 그러나 하루에 8시간만 일하지는 않는다.

주 40시간만 일해서 삶을 변화시킬 수 있다고 생각하는가? 이미 앞서 언급했듯이, 시간을 정해놓고 일하는 사람에게 새로운 삶이 찾아오기는 힘들다. 우리의 인생은 결국 상대평가이기 때문이다.

사람들은 누구나 적게 일하고 싶어 한다. 그들을 비판하려는 의도는 전혀 없다. 각자 자신의 삶을 정의하고 그에 맞는 전략을 세우면 된다. 적게 일하고 적당한 소득을 올리며 행복한 삶을 사는 것도 충분히 가능하다. 타인과 비교하지 않고 자신의 삶을 영위한다면 행복할 수 있다. 다만, 삶의 변화나 인생의 발전을 원하는 사람들에게 있어 적게 일하는 것은 효과적인 전략이 아니다. 정해진 시간만 공부하고 정해진 시간만 일하며, 남들과 같은 양의 노력을 기울이면서 남들보다 앞서 나가기란 불가능하기 때문이다. 그런 일은 절대 일어나지 않는다. 그것은 그저 '요행을 바라는 삶'이라고 할 수 있다.

당신이 특출난 재능을 가진 사람이 아니라면, 하루에 8시간 일하는 것만으로는 남들보다 앞서 나가기 어렵다. 하지만 만약 남들보다 1%만 더 나은 사람이 되어도 삶의 많은 것들이 바뀔 수 있다. 공무원 시험을 예로 들어보자. 당락을 결정하는 것은 100점 만점 중 1점의 차이다. 1%의 차이는 무엇을 의미할까? 남들보다 적어도 1문제를 더 맞출 수 있다는 것이다. 이것이 삶의 기로에서 결정적인 역할을 한다. 경매 과정에서도 마찬가지다. 단 1원 차이로 낙찰을 받거나 못 받기도 한다.

삶의 문제를 해결하고 싶은데 해결되지 않는다면, 충분한 시간과 노력을 투여하지 않았을 가능성이 높다. 물론 노력만으로 무조건 성공할 수 있는 것은 아니지만, 대부분의 문제는 충분히 노력을 기울이면 해결할 수 있다.

사람들은 단순한 해결책이라면 가볍게 여기는 경향이 있다. 한국이 한국전쟁 이후 성장할 수 있었던 이유, 불모지에서 이 정도의 경제력을 가진 나라가 된 요인은 풍부한 자원에 있지 않다. 수많은 사람들의 땀과 헌신이 있었기에 이룰 수 있었다. 부유해지면 이 단순한 진리를 잊어버리는 오류를 범하는 것이 인류 역사에서 반복되는 패턴이다.

자신을 바꾸고, 사회를 변화시키는 것은 결국 노력과 성실함이다. 이 두 가지가 충족되지 않으면, 다른 어떤 요소를 갖추어도, 설사 재능이 있어도 성과를 낼 수 없다. 현대 사회에서 중요하다고 여겨지는 창의력이 있어도 그것을 실현시킬 수 없을 것이다.

지금 당신의 삶이 어려움에 처해 있다면, 어쩌면 단순한 해결 방법을 간과하고 있어서일 수도 있다. 당신은 단지 남들보다 적게 일하고 있는 것이다! 형편이 넉넉하지 않은 환경에서 자랐다면, 일을 하는 데 돌파구가 보이지 않는다면, 당신이 할 수 있는 것은 하나다. 더 많이 노력하는 것. 여기에 조금 더 보탤 수 있다면, 일에 몰입하고 더 좋은 결과를 얻기 위해 정진하는 것, 바로 그것이다.

이는 듣기 좋은 말은 아닐 것이다. 결국 지금의 노력이 부족하다는 뜻이니까. 그러나 명백한 진실이다. 이미 성공한 사람들은 이 단순한 해결책을 너무나 잘 알고 있다. 그리고 이제는 단순히 노력의 양을 늘리는 것만으로는 성공을 유지할 수 없다는 것을 알기에 질적인 노력을 기울이기 시작한다. 높이 올라갈수록 노력은 너무나 당연하고 기본적인 것이 되기 때문이다. 반면, 이 단순한 진실을 받아들이지 못한 사람들은 일확천금을 바라며 무모한 투자에 나서고, 사기를 당하기도 한다. 계속해서 적게 노력하면서 많은 돈을 버는 방법을 찾으려다 보니, 도저히 일반적인 사고로는 이해하기 어려운 선택을 반복하기도 한다. 더구나 이런 선택을 하는 사람들은 쉽게 바뀌지 않고 비슷한 형태로 계속 손해를 보며 자산을 잃는 경우가 많다.

성공을 위해 억지로 일해야 한다는 이야기가 아니다. 무슨 일을 하든, 그것을 할 때는 즐겁게 몰입할 수 있어야 하는 것은 분명하다. 세상에 대해 호기심을 가지고, 주변의 문제에 대해 고민하며 해결책을 찾는 데 집중하다 보면, 어느새 하루 8시간만으로는 부족해질 것이다. 그러나 삶은 더욱 풍요로워질 것이다. 세계적으로 핵심적 성과를 이루어내는 사람들은 자신이 일하는 시간에 대해서는 고민하지 않는다. 자신이 하는 일에 어떻게 더 집중하면서 시간을 효율적으로 사용할지 고민한다.

시간은 양면성을 지닌다. 인간은 시간을 발명한 이후로 스스로를 시간에 맞추어 살아왔다. 그러나 시간에 생각을 맞추어서는 안 된다. 근로 시간의 본질은 나의 근로를 통해 가치를 창출하고 목표를 달성하는 것이지, 단순히 정해진 시간을 채우는 것이 아니다. 진정한 성공과 부를 얻기 위해서는 시간의 양보다 질에 집중하되, 남들보다 더 많은 노력과 헌신을 기울일 준비가 되어 있어야 한다. 하루 8시간만 일하며 부를 얻겠다는 생각은 현실에서 이루어지기 어려운 환상에 가깝다는 것을 명심해야 한다.

끊임없는 배움이
새로운 기회를 가져온다

사람이 실패하는 건 타고난 능력이 부족해서가 아니다. 대부분의 경우, 자신에게 맞는 적성을 찾지 못했거나, 충분한 학습을 하지 않았거나, 운이 따르지 않았기 때문이다. 성장 마인드셋을 가지고 있다면 적어도 실패는 하지 않는다. 결국 자신의 재능을 발견하게 될 것이고, 설령 운이 없더라도 지속적인 노력으로 운이 개입되지 않는 영역에서는 성과를 낼 수 있을 것이기 때문이다.

이것만큼은 장담할 수 있다. 배움에는 단점이 없다. 학습의 가치를 부정하는 사람들은 인생에서 어떤 변화도 이룰 수 없다. 이들은 결국 자신의 가능성을 믿지 않는 사람들이기 때문이다.

능력의 향상에 있어 학습 외에 다른 길은 없다. 때문에 자신의 가치에 대해 이해하고 더 나은 길을 걷고자 하는 사람들은 지속적인 배움과 공부를 선택한다. 여기에는 자신이 몸담고 있는 분야의 전문성 향상을 위한 것도 있고, 자기 자신에 대한 이해도 포함된다.

성공이란 찰나다. 성장은 과정이다. 지속적인 성공을 원한다면 과정에 집중해야 한다. 그리고 이러한 과정, 특히 장기적인 발전과 성취에는 반드시 평생 학습이 필요하다. 20대, 30대에 이룬 성공이 40대, 50대까지 이어지는 경우는 드물다. 많은 사람들이 이러한 장기적 성공은 운의 영역이라 통제할 수 없다고 말한다. 일리 있다. 다만 운의 영역을 실력의 영역으로 조금이나마 전환할 수 있는 방법이 있다면 바로 평생 학습이다.

인간은 더 많이 알수록 현명한 선택을 할 수 있다. 운도 결국 선택에 따라 바뀌는 것이다. 평생 학습은 그 무엇보다 자기 자신을 사랑하는 사람들이 살아가는 방식이다. 자신의 삶에 대해 만족하지 못해 학습하는 경우도 있겠지만, 자기 시간과 인생을 소중히 여기는 사람들은 근시안적 시각이 아닌 미래를 바라보며 자신에게 투자한다. 이를 위해 당장의 여가, 돈, 시간을 포기해야 함에도 말이다. 이러한 투자가 언제 보상받게 될지는 아무도 알 수 없다. 그러나 끊임없이 성장하는 사람들은 그 혜택이 당장 자신에게 오지 않더라도 상관하지 않는다. 그것이 후손에게 미칠 영향까지 고려한다. 실제로 자녀 교육에서도 이러한 측면이 작용한다. 지혜는 당장의 직업적 성취나 자산 등을 바꾸진 못하더라도, 주변 사람들을 변화시키는 데는 언제나 강력한 힘을 발휘할 수 있기 때문이다.

대부분의 사람들은 현명해지는 일에 관심이 없다. 겉으로는 성장하고 배우고 싶다고 말할지라도 말이다. 당장의 쾌락을 포기하면서까지 학습과 발전을 선택하는 이들은 소수라는 얘기다. 사람들은 보통 일시적 성공과 즐거움에 훨씬 더 관심이 많다. 결국 평생 학습을 선택하는 사람은 남들보다 반드시 앞서 나갈 수밖에 없다.

이 세상에 절대적인 진리란 있을 수 없지만, 내가 확신하는 한 가지 진실이 있다면, 우리가 살면서 현명해질 수 있는 기회와 시간은 얼마든지 있다는 것이다. 그리고 그 방법은 다시 강조하지만, 학습, 공부, 독서다. 이는 실제로 많은 기회를 창출하고 새로운 삶을 사는 데 큰 도움이 될 것이다. 점진적으로 성장하기에 본인이 인지하지 못할 뿐이다.

평생 학습은 결국 기회를 만들어준다. 세상에는 생각보다 많은 가능성이 존재한다. 그 수많은 가능성은 대부분 사람에게서 온다. 세상에는 좋은 인재를 발굴하려는 이들이 많다. 나에게 기회를 주고 싶어 하는 사람들 말이다. 그들의 기준을 충족시켜줄 수 있고, 그러한 결과를 보여주는 사람은 반드시 기회를 잡을 수 있다. 고용주의 입장에서는 늘 인재가 부족하다. 공급보다 수요가 많기 때문이다. 인재를 보는 안목이 있는 사람들이 가장 눈여겨보는 것은, 그 사람이 계속해서 학습하며 발전하고 있는지, 그리고 성장을 위해 훈련하고 더 나은 성과를 내는지 하는 점이다. 능력이 정체되어 있는 사람을 인재라고 생각하는 이는 없다.

성공한 사람들의 사람을 보는 눈은 일반인이 상상할 수 없는 수준이다. 그러한 안목이 없었다면 절대 성공할 수도, 그런 위치에 오를 수도 없었을 것이다. 소수겠지만, 어떤 사람의 능력과 가치를 알아볼 줄 아는 이는 항상 존재한다. 학습에 대한 욕구는 결국 성장

174

에 대한 열망과 같다. 계속해서 더 나아지는 삶을 선택하고 있는 사람은 누군가에게 그 가치를 인정받을 것이다. 그러니 계속해서 읽고, 사고하고, 이를 삶에 적용하고, 다시 일에 활용하는 훈련을 하라. 당신에게도 반드시 귀인이 찾아올 것이다. 이렇게 살아가는 사람은 어떤 집단에서든 반드시 두각을 나타내게 되어 있다.

과거 20대 초반의 나는 오만했다. 세상이 나의 가치를 알아보지 못해서 이렇게 살고 있다는 착각에 빠져 있었다. 이는 생각보다 많은 이들, 특히 가정 환경이 좋지 않은 사람들이 갖는 생각이다. 자신은 능력이 있는데 기회가 없을 뿐이라고 믿는 것이다. 이 글을 읽는 사람들 중에도 분명 이런 생각을 갖고 있는 이들이 있을 것이다.

과거의 내가 철이 없었다는 것을 깨달은 건 최근이다. 그리고 머리가 아닌 가슴으로 이해하게 된 사실은, 인생은 자신이 가진 역량만큼 보이고, 그에 따라 주변 인물들이 구성된다는 것이다. 결국 기회가 오지 않는다는 것은 내가 그만한 자격을 갖춘 사람이 아니라는 의미다. 세상에는 훌륭하고 유능한 사람들이 많다. 과거에 내가 그들과 어울리지 못했던 이유는 운이 없거나 환경이 좋지 않아서가 아니라, 내가 그들과 교류할 만한 수준의 사람이 못 되었기 때문이다.

어떤 집단에 속해 있든, 사람이 성장하게 되면 언젠가는 그 테두리를 벗어나 변화를 추구하기 마련이다. 인간은 나약한 존재다. 자신의 생각이 주변의 공감을 얻지 못하는 환경에서는 고립될 수밖에 없다. 만약 당신이 지금 속해 있는 환경에서 벗어나고 싶지만 행동으로 옮기지 못하고 있는 상황이라면, 그 집단을 떠날 만큼 성장하지 못했거나, 실은 그들과 별반 다르지 않기 때문이다.

당신이 지금 고등학교 수학을 공부하는 사람이라고 가정해보자. 그런데 초등학교에서 '1+1=2'를 배우는 사람들과 수학에 대해 토론하고, 함께 일해야 한다고 생각해보라. 과연 의미 있는 대화가 가능할까? 대화는 금세 지루해질 것이고, 결국 당신은 혼자 일해야 할 것이다. 그리고 어느 순간 외로움을 느낄 것이다. 소통이 가능한 사람이 전혀 없다는 점에서 말이다.

그런 상황에서, 그 집단을 벗어나지 않고 계속 참아가며 그들과 어울릴 수 있을까? 나는 불가능하다고 생각한다. 스스로 기준을 낮추거나 체념하지 않는다면 말이다. 우물 안 개구리처럼 갇혀 살아서는 안 된다. 성장한 사람은 결국 자신을 담을 수 있는 새로운 변화를 찾아 나서야 한다. 그 변화는 이직이 될 수도 있고, 창업일 수도 있으며, 지금 몸담고 있는 조직 내에서 더 높은 자리로 나아가는 것일 수도 있다. 같은 조직에 있어도 직급이 다르면 사고방식과 일하는 방식, 고민의 결이 달라지기 때문이다.

평생 학습은 그 사람의 그릇을 키운다. 겉으로만 자신의 능력을 포장하는 이들은 얼마 가지 못해 본모습을 드러내게 된다. 훌륭한 사람과 교류하기 위해서는 표면적인 기술만으로는 부족하다. 평생 학습은 진정한 실력과 내면을 성장시킬 것이고, 이를 알아본 이는 그 사람에게 기회를 제공할 것이다. 그것이 자신에게도 이익이 되기 때문이다.

지그 지글러Zig Ziglar는 이렇게 말했다. "부유한 사람들의 TV는 작고 서재는 크지만, 가난한 사람들의 TV는 크고 서재는 작다." 결국 배움에 얼마나 시간을 들이느냐가 그 사람의 미래를 결정한다. 겉으로 아무리 능력 있어 보이더라도, 내면이 빈 사람은 오래 버티지 못한다. 반대로 조용히 배움을 쌓아온 사람은 언젠가 반드시 실력으로 증명된다. 배움을 멈춘 순간, 성장도 멈추고, 기회도 더는 찾아오지 않는다. 결국, 공부하지 않는 사람은 세상이 필요로 하지 않는 사람이 되는 것이다.

노력의 질을 높여라

노력은 중요하다. 많은 시간을 쏟아붓는 것도 물론 중요하다. 그러나 그것만으로는 부족하다. 성공이나 발전에는 지혜가 필요하며, 이를 위해서는 생각하는 힘이 필요하다. 기계적인 노력은 사실 노력이라 평하기 어렵다. 변화가 없는 루틴에 가까운 행동은 성장을 이끌어내기 어렵기 때문이다. 그래서 이 장에서는 '지혜'에 대해 이야기하고자 한다.

평생 학습의 중요성은 이미 언급한 바 있다. 평생 학습은 단순히 배움을 지속하는 것을 넘어 현명함과 지혜로 연결되기에 더 중요하다. 왜 성공한 사람들이 공통적으로 독서, 멘토, 인맥의 중요성을 강조할까? 바로 지혜를 얻을 수 있는 통로이자 기회를 창출할 수 있는 창구이기 때문이다.

'열심히 산다는 것'은 무엇일까? 대부분의 사람들이 '열심'이라고 하면, 많은 시간을 책상에 앉아 기계적으로 일하는 모습을 떠

올릴 것이다. 시험공부의 경우 '의자에 얼마나 오래 앉아 있느냐'의 싸움, 곧 '엉덩이 싸움'이라고 표현하기도 한다. 다음의 사례를 살펴보자.

A씨는 10대 후반의 고등학생이다. 오랜 시간 대학 입시를 위해 남들보다 더 열심히 노력해왔다. 성실함만큼은 누구에게도 뒤지지 않는다. 하지만 성적은 늘 제자리걸음이다. 하루 평균 3시간밖에 자지 않으며 새벽까지 공부하지만, 오히려 스트레스와 우울증, 불면증에 시달리고 있다.

A씨는 자신의 공부 방식을 고수한다. '인서울 상위권 대학 진학'이라는 목표는 분명하지만, 새로운 방법을 모색하거나 성찰하려 하지 않는다. 노력하는데 왜 결과가 나오지 않는지에 대한 원인은 외면한 채, 성적이 오르지 않는 현실에만 좌절한다. 주변의 조언에도 귀를 닫는다. 실패를 인정하고 싶지 않은 마음, 그리고 남의 방식이 자신에게 맞을지에 대한 불안 때문일 것이다.

A씨 주변에는 자신보다 덜 공부해도 더 좋은 성적을 받는 친구들이 있다. 그는 그 차이를 '재능' 탓으로 돌린다. 상대가 어떻게 공부하는지 관찰하거나 분석하지 않는다. 자신이 받지 못하는 사교육 때문이라며 환경 탓을 하기도 한다.

이처럼 우리는 '노력 대비 성과가 나지 않는' 사람들을 자주 본다. 고생한다고 모두 성공하는 건 아니다. 그들은 점차 자신의 노력을 의심하게 되고, 결국 운이나 환경 탓을 하게 된다.

물론 삶에서 운, 재능, 환경은 매우 중요하다. 그러나 더 많은 사람들은 자신의 노력이 잘못된 방향을 향하고 있어서 실패하고, 구체적인 방법론에 대한 고민 없이 성취를 기대하고 있다는 사실을 모른다.

공부를 잘하는 부모 밑에서 자란 아이가 공부를 잘할 가능성이 높다. 이는 타고난 유전자뿐 아니라 효과적인 학습 방법을 자연스럽게 체득할 수 있기 때문이다. 사업가 집안에서 사업가가 나오고, 자산을 축적한 집안에서 자란 아이가 자연스럽게 경제관념을 갖게 되는 것도 같은 맥락이다. 이것이 바로 환경의 힘이다. 반대로, 좋은 환경이 아니더라도 자신이 접하는 사람, 공부 방식, 행동 전략을 바꾸면 불리한 여건에서도 성과를 만들 수 있다. 눈에 보이는 자산 외에도 '비가시적 자산', 즉 '암묵지'를 이해하고 내면화해야 가능한 일이다.

영국의 철학자 마이클 폴라니Michael Polanyi는 지식의 형태를 크게 두 가지로 분류했다. 하나는 '형식지', 다른 하나는 '암묵지'다. 형식지는 우리가 흔히 책에서 볼 수 있는 지식, 유형적인 지표로 판단할 수 있는 지식이다. 언어나 문자, 숫자 등을 통해 겉으로 표현된 지식이며 문서화 또는 유형화된 지식이라고 할 수 있다. 흔히 통계 분석, 도서 등에서 확인할 수 있는 요소다. 그러나 세상에는 아직 정의되지 않은 지식이나 통찰이 더 많이 존재한다. 이것이 바로 암묵지다. 암묵지는 학습과 경험을 통해 체화되어 있지만, 아직은 문서화나 통계화가 되지 않은, 표현하기 어려운 지식이라고 말할 수 있다. 즉 '숨겨져 있는 지식'이다. 주로 경험을 통해 습득하기 때문에 '경험지'라고 표현하기도 한다. 단순 통계 지식만을 분석해 자신의 문제를 진단하는 사람들은 한계에 부딪히게 된다. 특히 노력의 가치를 상대적으로 경시하는 이들의 경우, 이러한 암묵지의 가치를 인지하지 못하고 있는 사람이 많다.

'노력의 질'에 대해 이야기할 때는 형식지가 아닌 암묵지에 집중해야 한다. 기계적인 노력을 지속한다고 해도 삶은 발전하지 않는다. 주변의 뛰어난 사람들이 실천하는 행동과 경험에 집중하고, 이를 체화시키기 위해 노력해야 한다. 그렇게 하면 삶이 발전할 가능성이 더 높아질 것이다.

성공에 공식은 없다. 중요한 것은, 어떠한 명시적 방법이든 스스로 직접 행동해보며 암묵지를 체득해야 비로소 성공적인 성과를 올릴 수 있다는 것이다. 이것이 바로 지혜의 영역이다.

과거의 나에게 부족했던 것이 바로 이 암묵지였다. 어려운 환경에서 자란 사람들은 이 암묵지의 가치에 대해 제대로 이해하지 못하는 경우가 많다. 암묵지는 단순한 지식이 아니라, 두뇌의 추상화 능력을 기반으로 하는 통찰이다. 누군가가 직접 알려주는 것이 아니라, 관찰과 경험을 통해 스스로 깨달아야만 얻을 수 있는 지식이다. 일일이 지시하고 알려줄 수 없는 부분이기에 더욱 귀하다.

나보다 뛰어난 타인의 암묵지를 알아채고 자신의 것으로 만드는 과정이 진정한 의미의 노력이다. 무조건 열심히 산다고 성공할 수 없는 이유도 여기에 있다. 재능은 분명 중요하다. 사람마다 가지고 태어난 그릇도 다르다. 그러나 이미 타고난 것에 대해 한탄하며 살아가는 것은 의미가 없다. 이왕 노력을 할 것이라면, 그릇을 키우고, 능력과 잠재력을 향상시키는 일에 집중하는 것이 현명한 삶의 태도다. '의미 있는 노력'을 지속한다면 인생에 반드시 빛을 볼 날이 있을 것이다.

나 또한 지금까지 단순히 책만 보며 산 것은 아니다. 인생 선배들과 법조계 선배들의 노하우를 얻기 위해 노력하고, 소송을 하면서도 상대방의 주장이나 방법에 일리가 있으면 이를 즉시 수용하려 노력해왔다. 법조계에는 이런 말이 있다. 자신이 담당하고 있는 사건 이외에 하루에 2시간씩 다른 법 분야를 공부하고, 경험하고, 관찰하면 절대 실패할 수 없다는 것이다.

나는 나보다 나은 사람의 조언이나 가르침에 항상 목말라 있었기에 그들을 관찰하는 일에 늘 주의를 기울였다. 다른 사람의 암묵지에 해당하는 노하우를 배우기 위해 꾸준히 노력했다. 그리고 이 방법은 늘 효과를 거두었다.

가진 게 없다면
시간에 투자하라

세상에서 가장 중요한 것은 무엇일까? 아마도 '나 자신'일 것이다. 그런데 나는 변호사로 일하면서 자신에게 투자하기는커녕 자신을 망치는 방식으로 살아가는 사람들을 수없이 목격해왔다. 왜 자신을 사랑하지 않을까? 왜 투자를 해도 모자랄 상황에 자신의 시간을 허비하는 데 많은 돈을 쓰고 있는 것일까?

20대 중반의 A씨는 흔히 말하는 백수, 니트NEET족이다. 니트족이란 'Not in Education, Employment or Training'의 준말로, 배우지도, 일하지도, 훈련받고 있지도 않은 상태의 사람을 말한다. A씨는 매일 늦게 잔다. 저녁에 인터넷 방송으로 시작해, 유튜브, 각종 영화나 드라마를 시청하다가 밤 12시가 넘으면 웹툰을 본다. 게임까지 즐기고 나면 보통 잠에 드는 시간은 새벽 5시다. 일어나는 시간은 낮 12시에서 1시쯤이다. 부모님은 A씨를 위해 식사를 준비해두고 이미 출근한 뒤다.

A씨는 부모님과는 대화가 통하지 않는다고 생각한다. 시대에 뒤떨어진 사고를 하는 부모님과는 말도 섞고 싶지 않고, 과거에나 통용되던 성실이나 노력, 저축을 강조하는 부모님을 답답해한다. 과거에는 일한 만큼 보상을 받아 집도 사고 차도 사고 가정도 일굴 수 있었지만, 현재에는 어렵다고 생각한다. 이러한 희망이 없으니 부모님이 주시는 용돈으로 '다양한 경험'을 핑계로 놀러 다니거나 온라인으로 각종 콘텐츠를 소비하는 수동적인 삶을 살고 있다.

A씨는 자신의 삶이 너무나 불행하고 풍요롭지 않다고 생각하고 있다. 각종 온라인 커뮤니티, SNS 때문이다. 이미 남들과 출발점부터 다르다는 인식, 자신의 세대가 대한민국 역사상 가장 힘든 세대라는 인식, 삶에 희망이 없다는 인식, 미래가 암울하다는 등의 SNS에서 주입하는 인식이 머릿속에 가득 자리 잡고 있다. 또 다른 이유는, 자신의 집이 가난하다고 믿고 있는 것이다.

A씨는 굶어본 적 없고 찬물로 샤워해본 경험도 없다. 강남 대치동의 고액 사교육은 아니더라도, 자기가 원하면 학원은 얼마든지 다닐 수 있었다. 학교에 다니면서 아르바이트를 해서 용돈을 벌어야 하는 상황도 아니었고, 생활비와 학자금은 모두 부모님이 지원해주어서 큰 어려움도 없었다. 그러나 주변에서 좋은 차를 끌고 다니며 부모님에게 몇 억씩 용돈을 받는 사람들의 이야기를 접하면서, A씨는 이미 나는 그 사람들과 출발점부터 다르니 노력은 무의미하다고 생각하게 되었다.

A씨의 경우, 학습이나 노력을 통해 자신에게 투자하지 않는

이유는 사회에 대한 잘못된 인식과 피해의식 때문이다. 자신이 무엇을 해도 타고난 격차는 극복할 수 없다는 절망감, 사회와 부모님에 대한 불만이 자신에게 투자하지 않는 이유인 것이다. 그리고 이것은 대부분의 흙수저들이 아무런 노력도 하지 않고 자신의 삶을 파괴하는 이유이기도 하다.

모든 사람에게 공평하게 주어지는 자원이 있다. 바로 '시간'이다. 이것은 모두에게 차별 없이 주어지는 것이다. 그리고 바로 이시간을 소중히 여기는 것에서부터 자신에 대한 투자가 시작된다. 흘러가는 시간을 소중히 여기고, 자신의 삶에 감사하는 그 순간이 모든 투자와 노력의 시작인 것이다. 투자한 시간을 활용해 작은 변화라도 체험하게 되면, 그 사람은 인생을 다른 관점으로 바라보기 시작할 것이고, 자신에 대한 투자를 더욱 가속화할 것이다. 주식 투자를 해서 조그마한 수익이라도 올렸을 때 투자에 더 많은 관심을 갖게 되는 것과 같은 이치다.

자신에 대한 투자는 시간의 가치를 깨닫는 것에서 시작된다. 만약 한 시간을 허투루 보냈을 때, 그로 인해 놓친 기회와 잠재적 이익이 무엇인지 돌아보는 것을 의미한다. 인생은 정직하다. 당신이 많은 시간을 쏟은 것이 곧 당신의 인생이 된다. 그리고 잃은 것은 무엇인지 모른다. 1억일 수도 있고, 최저시급에 해당하는 금액일 수도 있다.

우리는 이메일과 소셜 미디어에 시간을 쏟으며 순간적인 만족감을 얻는 대신, 진정으로 가치 있는 무언가를 놓치고 있다. "만약

이 시간을 더 의미 있게 사용했다면 내 삶은 어떻게 달라졌을까?"
라는 질문을 스스로에게 던져 보자. 이런 성찰은 우리에게 중요한
통찰을 제공한다.

오늘 의미 없이 소비한 시간이 있다면, 그 시간을 다르게 사용
할 수 있었음을 인식해야 한다. 업무에 더 집중하거나, 자기 계발을
위한 공부를 하거나, 인생의 멘토를 찾아 조언을 구할 수도 있었다.
또는 중요한 배움을 통해 앞으로의 삶에서 같은 실수를 반복하지
않게 되었을지도 모른다. 우리가 시간을 어떻게 사용하느냐에 따
라, 얻을 수 있는 지혜와 성장의 기회가 달라진다.

나는 복리의 개념을 좋아한다. 가장 중요한 자원인 시간을 복
리로 이해해보라. 한 인간이 유년 시절에 보내는 1시간의 투자는
복리의 개념으로 보면 인생에서 결정적인 차이를 만든다. 이 복리
의 개념으로 이해해보면, 0세에서 9세, 10대, 20대의 시간은 인생
에서 가장 중요한 시기임을 알 수 있다. 시간의 가치는 기하급수적
으로 증가하기 때문이다. 지금 이 시간을 어떻게 채우느냐에 따라
인생의 중반에서 후반에 이르렀을 때 느껴지는 격차는 어마어마하
게 클 것이다. 현재 1시간의 최저시급은 1만 원이지만, 나는 충실히
보내는 시간의 이자율은 연 50%로 따져도 지나치다고 생각하지 않
는다. 그만큼 유년 시절에 자신에게 투자하는 것은 인생에서 결정
적인 차이를 만들기 때문이다.

시간은 살아갈수록 희소해지는 자원이다. 매 분, 매 순간 줄어
들고 있는 자산인 것이다. 우리가 맛있는 음식을 먹으면서, 그 음식

이 줄어드는 것을 보며 슬플 때가 있는 것처럼, 나는 내가 살아갈 시간이 줄어들고 있음에 가끔 애수를 느낄 때가 있다. 인간은 죽음을 자각하면서 삶의 방향이나 관점을 바꾸는 경우가 많은데, 죽음에 대한 인식은 결국 나에게 주어진 시간에 대해 성찰하는 것이기 때문이다. 이제 시간을 복리로 늘어나는 자산이자 살아갈수록 희소해지는 자원이라고 생각하라. 그리고 그 소중한 시간을 자신에게 투자하라. 매 순간 그 가치를 느껴보려 노력한다면 의미 있는 삶을 만들어 나갈 수 있을 것이다.

인생 컨닝페이퍼 — 일

1. 어떻게 일해야 할까

- 쉽게 시작하지 마라. 중요한 진로를 선택할 때는 '이 일을 평생해도 괜찮을까?'라는 질문을 먼저 던져 보라. 반드시 자신의 삶과 직업적 사명을 연결시키는 고민이 필요하다.

- 일과 삶은 분리될 수 없다. '워라밸'이라는 개념은 환상에 가깝다. 일은 삶의 일부이며, 일에서 의미와 보람을 찾을 때 비로소 진정한 행복을 경험할 수 있다. 일을 단순히 돈을 벌기 위한 수단으로만 보면 정신적 소진도 빨라질 것이다.

- 하루 8시간 근무로는 부를 얻을 수 없다. 성공한 사람들은 근로 시간을 따지지 않는다. 법정 근로 시간만 일하면서 타인보다 앞서가길 바라는 것은 요행을 바라는 것과 같다. 남들보다 1%만 나은 사람이 되어도 삶은 크게 달라진다.

2. 어떻게 노력하고 성장해야 할까

- 의미 있는 노력만이 가치 있다. 생각 없이 하는, 기계적인 노력은 실패의 지름길이다. 노력의 질이 중요하다. 그리고 이는 자신에 대한 깊은 이해와 암묵지(경험을 통해 얻는 지식)를 습득하는 과정에서 시작되어야 한다.

- 안 되는 건 과감하게 포기하라. 자신에게 맞지 않는 일에 계속 시간을 투자하는 것은 '매몰비용의 오류'를 범하는 일이다. 자신의 강점을 찾아 그것에 집중하는 전략적 선택이 필요하다.
- 자신에게 투자하라. 그중 가장 귀중한 것은 시간이다. 유년기와 20대에 투자한 시간은 복리로 계산했을 때 인생 후반에 엄청난 차이를 만든다. 소셜 미디어와 오락에 시간을 낭비하지 말고 자기 계발에 시간을 투자하라.

3. 어떻게 성공해야 할까
- 배움이 새로운 기회를 만든다. 평생 학습은 운의 영역을 실력의 영역으로 전환시킨다. 자신의 분야에 대한 전문성뿐만 아니라 자기 자신에 대한 이해도 함께 키워야 한다.
- 성공한 사람들 주변에서 직접 배우고 관찰하라. 책이나 통계(형식지)만으로는 얻을 수 없는 경험적 지식(암묵지)이 바로 성공의 열쇠가 된다.
- 첫 단추를 잘 끼워라. 학업과 진로에 대한 첫 방향성이 평생에 걸쳐 영향을 미친다. 청소년기의 선택이 이후 선택지의 폭을 결정한다. 학업은 선택지를 넓히는 필수 과정이다.

5장 — 꿈

의미 있는 노력만이
진정한 가치를 만든다

갓생이 정말 갓생일까?

20대 중반인 A씨는 갓생을 살아보기로 결심했다. 어떻게 사는 것이 멋진 삶인가를 고민하다 인터넷에 '갓생'을 검색한다.

인터넷에는 갓생과 관련한 글들이 굉장히 많다. 어딘가에서 갓생을 다음과 같이 정의한다. 새벽 5시에 기상 후 이불을 정리하고, 세수를 하고, 물을 마신다. 이후 30분 동안 아침 운동을 한 후 6시까지 영어 공부를 한다. 이후 20~30분 독서를 한 후, 건강에 좋은 식단으로 아침을 먹고, 출근하며 경제 뉴스를 훑어본다. 일터에 도착해 일하고, 점심 식사 후 산책하고, 사무실로 돌아와 잠깐이나마 독서를 즐긴다. 그 후 다시 일하고 6시쯤 퇴근한다. 저녁에는 이직 준비를 위한 자격증 공부를 하고, 10시 반에서 11시쯤 잠자리에 드는 일과다. A씨는 이런 루틴을 지키며 사는 사람들을 보고 지금 자신의 모습이 한심하게 느껴졌다. 과연 나도 그들처럼 살 수 있을지 의문이 들면서 자존감도 낮아졌다.

어느 날 등장한 '갓생'은, 주로 20대가 많이 쓰는 표현으로 신God을 의미하는 '갓'과 인생을 뜻하는 '생生'의 합성어다. 신과 같은 인생을 살고 싶다는 마음에서 비롯된 단어다. 물론 갓생의 정의는 사람마다 다르다. 대체로 자신이 계획한 대로 살면서 스스로에게 집중하고, 자기 계발에 힘쓰고, 꿈을 이루기 위해 노력하는 삶을 일컫는 것 같다.

과거부터 '멋진 인생이란 무엇인가?'에 대한 논의는 꾸준히 있어 왔다. 그렇다면 갓생이라는 단어가 생긴 이유는 무엇일까? 사람들은 '과연 지금 나는 잘 살고 있는 것인가' 끊임없이 불안해한다. 불확실한 삶 속에서 안개 속을 걷는 것처럼 주변을 두리번거리는 것이다. 자신과 같은 생각을 하거나 같은 방향으로 가는 사람을 찾아야 안심이 되기 때문이다. 이런 경향은 한국을 포함한 동아시아에서 더 강하게 나타난다. 집단주의적 문화를 가졌기 때문이다.

젊은이들의 이러한 불안감은 인생의 정의도 외부에서 찾게 만든다. 자아에 대한 고민은 평생 계속되는 난제다. 그런데 가만히 자신을 성찰해야 할 시간에 온라인에서 답을 찾는 시대가 되었다. 경험과 사색, 독서를 통해 스스로 답을 찾아야 하는데, 외부에 의존하려니 근본적인 혼란과 불안을 떨치지 못한다. 자신에게 맞지 않은 것을 정답이라 믿고 따르다 보면, 어떤 시도도 자신에게 꼭 맞는 해결책이 될 수 없는 것이다.

나는 온라인에서 '갓생'이라는 표현을 볼 때마다 불편했다. 수단과 목적을 혼동하고 있다고 느꼈기 때문이다. 목표를 위해 노력하는 과정에서 철저한 일과를 지키는 건 훌륭하다. 하지만 형식만 강조할 뿐, 그 사람의 삶의 목표와 행동의 이유에는 관심이 없어 보였다. 이는 인생을 타인의 시선으로 유형화하려는 사회의 전형이다.

목표와 수단을 거꾸로 봐선 안 된다. 갓생으로 불리는 루틴은 목표 달성을 위한 노력의 과정에서 나타나는 하나의 형식일 뿐이다. 그것이 목표가 아니다. 현대 사회는 인간의 본질보다 겉모습에 집중하는 경향이 있다. 이는 삶을 단순화해 판단하려는 사고방식으로, 알맹이 없는 신기루를 좇는 것과 같다.

갓생은 각자가 정의하는 것이다. 그리고 이에 대한 고민의 시작은 빠를수록 좋다. 자신이 원하는 것이 무엇인지 탐색할 시간을 벌 수 있기 때문이다. 한국의 젊은이들은 이런 고민을 비교적 늦게 시작한다. 20대 전에 이를 깊이 생각할수록 원하는 일과 꿈을 찾을 가능성은 더 커진다.

성공한 이의 겉모습만 따라하는 것으로는 지속적인 노력이 어렵다. 특별한 목표와 가치관 없이는 쉽게 번아웃이 오고, 빈껍데기만 남는다. 14시간 책상에 앉아 있는다고 해서 모두가 공부를 잘하게 되는 건 아니듯, 행동의 이유를 스스로 납득하지 못하면 오랫동안 지속할 수 없다. 갓생이 의미 있으려면, 자신에게 온전히 집중해서 스스로에 대해 알아가야 한다. 그래야 행동의 이유를 납득할 수 있다.

자신이 무엇을 원하고, 왜 사는지에 대해 충분히 생각하고 확신을 얻게 되면, 갓생이란 표현은 더 이상 무의미해질 것이다. 자신의 가능성과 한계를 깨닫고, 이를 극복하기 위한 노력이 내 삶에 어떤 의미를 갖는지 깊이 성찰한 후에야 그 노력은 진정한 가치를 얻게 된다. 갓생의 루틴도 이런 자기성찰의 과정을 거친 후에야 의미가 있다.

갓생이라는 개념의 탄생 배경에는, 인생의 답을 손쉽게 찾고자 하는 욕망이 자리 잡고 있다. 그러나 인생의 목적이나 꿈에 대한 해답을 외부에서만 찾으려는 시도는 한계를 지닐 수밖에 없다. 외부로부터 얻은 정보와 경험은 방향을 잡는 데 도움이 될 수 있지만, 내면의 질문에 대한 진정한 해답은 오직 자기 자신만이 찾을 수 있다. 온라인에서 건질 수 있는 건 실용 지식이지, 자아가 아니다. 자신과 진지하게 대화하라. 그때 비로소 진정한 '갓생'의 의미를 알게 될 것이다.

가난한 20대가 알면
인생을 바꿀 수 있는 이야기

가난한 20대가 가난을 극복하려는 목표와 꿈을 갖고 있다면, 가장 먼저 고민해야 할 것이 있다. 바로 지금까지 함께해온 친구들에 대한 이야기다. 다소 냉정한 조언이 될 수 있음을 미리 밝힌다.

가난한 집에서 태어난 자녀들은 가난을 숙명과도 같이 생각한다. 내가 어찌해도 해결할 수 없는 것이 가난이라고 생각하는 것이다. 이런 환경에서 가난을 극복하고 싶다는 마음을 가졌다면, 그것만으로도 대단하다. 생각의 변화는 해결책을 찾기 위한 노력의 시작이니 말이다. 문제는 계속해서 학습해왔던 행동 양식, 습관, 그리고 주변 환경이 당신이 가난을 극복하는 데 방해가 될 것이라는 점이다. 그중 가장 큰 것이 주변 사람들, 가족 또는 친구들이다. 여기서는 친구에 대한 이야기를 할 것이다.

가정 형편이 어려운 사람이라면, 주변에 있는 친구들 역시 비슷한 상황에 처해 있을 가능성이 크다. 그들과 함께 유년 시절을 보내오면서 많은 추억과 경험을 공유하고 있을 것임이 분명하다. 함께 놀이터에서 술래잡기를 하며 놀던 기억, 같이 게임을 하고 축구나 농구를 하던 기억, 서로 호감이 있었던 이성에 대해 이야기를 나눴던 기억 등 셀 수 없이 많은 추억이 있을 것이다. 그러나 안타깝게도 가난에서 벗어나고 싶다면 그 친구들과 거리를 두어야 한다. 만약 그들과의 관계를 유지하고 싶다면 먼저 당신이 잘 된 다음에 그 친구들을 찾아가 도움을 주는 방법도 있음을 기억하라.

가난에서 벗어나기 위해서는 기존의 인간관계를 끊어야 할지도 모른다는 말은 너무 가혹하게 들릴지도 모른다. 그러나 이것이 현실이다. 사람은 자신이 추구하는 목표에 따라 만나는 사람을 바꿀 준비를 해야 한다. 만약 가난에서 벗어나고 싶다면 형제보다 소중한 그 친구들과 당분간 거리를 두고, 돈을 벌고 자립할 방법을 고민해야 한다.

10대, 20대 때는 친구들과의 우정과 의리가 중요하다. 그러나 그런 것들은 비슷한 경험과 사고를 공유할 때 유지되는 경우가 많다. 가난의 경험을 공유하는 친구들 중에 가난에서 벗어나기 위해서는 어떻게 돈을 벌어야 하고, 무엇을 준비해야 하는지 진지하게 고민하고 있는 이는 그리 많지 않을 것이다. 더 정확히 말하면, 그런 친구가 없을 가능성이 높다.

가난에서 벗어나기 위해서는 가난을 이해해야 한다. 그리고 그것을 극복하겠다는 목표를 세웠다면 기존의 모든 삶의 습관을 뜯어고칠 각오 정도는 되어 있어야 한다. 내가 현재 하고 있는 행동,

말, 사고 습관 모두 현재의 가난을 고착시키고 있을지 모르기 때문이다.

그렇다면 어떻게 '가난을 강화하는 친구'와 그렇지 않은 친구를 구별할 수 있을까? 만약 아래 내용에 해당되는 친구라면 당신이 자산을 축적하는 시기 동안은 만나지 않는 것이 좋다.

첫째, 늘 생산성 없는 대화만 나누게 되는 친구를 멀리하라. 당신이 만약 친구들과 연예, 스포츠, 정치 이야기만 나누고 있다면 가난에서 벗어나기 어렵다. 연예인들의 스캔들, 아이돌이 어떤 음반을 내었는지 등의 이야기는 일시적인 대화거리로 삼기에는 나쁘지 않겠지만, 지속적으로 만나는 친구들과 늘 이런 이야기만 한다면 시간을 낭비하는 것이다. 당신이 자기 계발과 일을 하는 데 사용해야 할 시간을 무의미하게 허비하고 있을 뿐이다. 이런 친구들과 시간을 보내는 것은 가난을 더 고착화할 가능성이 높다는 것을 반드시 알아야 한다.

남자들은 스포츠 이야기를 참 많이 한다. 대화 중 잠깐 나오는 스포츠 주제는 괜찮지만, 자신의 인생이나 일보다 해외 스포츠 경기 결과에만 집중하는 친구는 문제가 될 수 있다. 이런 사람은 유럽이나 미국 경기의 중계 방송을 보기 위해 새벽 시간을 희생하는 경우가 많다. 충분한 수면 없이는 일을 제대로 할 수 없기에, 그 사람은 곧 자신의 일에 관심이 없을 가능성이 높고, 그렇다는 것은 그 친구 역시 당신의 경제적 성장에 방해가 될 수 있다는 의미가 된다. 게다가 이런 친구와 대화하려면 당신도 해외 스포츠에 관심을 가져야 할 테니, 결국 당신의 일에도 방해가 될 것이다.

정치 이야기가 항상 나쁜 것은 아니다. 경제 흐름이나 금융·부동산 정책을 이해하는 데 필요한 선에서 관심을 갖는 것은 오히려 바람직하다. 그러나 대부분의 경우, 정치 이야기는 특정 정치인에 대한 비난이나 힐난으로 흐르기 쉽다. 이런 대화는 생산적인 논의라고 보기 어렵다. 더 나아가 정치에만 지나치게 몰입하는 사람들 중에는 자신의 삶이 궁핍한 이유를 사회 구조나 정치인의 탓으로 돌리는 경향도 있다. 이런 태도는 스스로를 무력하게 만들며, 주변 사람에게도 긍정적인 영향을 주기 어렵다.

둘째, 만나기만 하면 술을 마시자는 친구는 거리를 두는 게 좋다. 친구들과 만나 가장 먼저 하는 일이 술집에 가는 것이라면, 그 만남은 돌아볼 필요가 있다. 가끔 술을 마시는 것이 나쁘다는 말이 아니다. 하지만 '만남의 목적'이 술이 되거나 특히 평일에도 술자리가 이어진다면, 그런 친구는 당신을 조용히 가난과 무기력의 늪으로 끌어들일 가능성이 높다.

술은 의사결정 능력과 판단력, 감정 조절 능력을 떨어뜨린다. 그래서 술자리에서는 예기치 못한 사건·사고가 발생할 확률이 크게 높아진다. 변호사로서 내가 다뤄온 많은 사건들도 술에서 비롯된 경우가 적지 않다. 게다가 술을 마신 다음 날에는 정상적인 근무가 어려워진다. 하루 한 시간이라도 더 일에 집중해야 하는 때에 음주는 일의 흐름을 망칠 뿐 아니라, 시간과 비용이라는 두 가지 부담까지 안긴다.

가난에서 벗어나고 싶다면, 지금까지의 인간관계 중 일부는 포기해야 할 수도 있다는 사실을 먼저 인정하라. 그리고 당신의 삶의 방향을 '성취'라는 목표에 맞춰 다시 정비하라. 이 시점에서 당신의 관심은 친구들이 아니라, 당신이 무엇을 해낼 수 있는지, 그리고 지금 무엇을 해야 하는지에 집중되어야 한다.

진심으로 가난이 고통스럽다면, 당신이 가야 할 길은 이미 정해져 있다. 진짜 좋은 친구라면 당신의 성장을 응원할 것이며 절대 발전을 가로막지 않을 것이다. 그러니 친구들의 시선이나 생각에 흔들리지 말고, 묵묵히 당신의 길을 걸어가라. 그 길 끝에는 지금보다 더 단단하고 자유로운 미래가 기다리고 있을 것이다.

지피지기면 백전불태

손자병법에는 '지피지기면 백전불태知彼知己, 百戰不殆'라는 말이 있다. '너를 알고 나를 안다면 백 번을 싸워도 위태롭지 않다'는 뜻이다. 상식적으로 아무리 적을 알고 나를 알아도 무조건 다 이길 수는 없다. 그러나 적어도 나를 위태롭게 만드는 결정이나 어리석은 판단은 하지 않을 것이다. 꿈과 목표를 결정하는 데 '지피지기'를 대입한다면 다음과 같이 해석할 수 있을 것이다. '나를 알고, 세상을 알면, 꿈과 목표를 결정할 때 위태롭지 아니하다.' 굉장히 타당한 동시에 실천하기 어려운 말이다.

사람들은 누구나 자기 스스로를 잘 파악하고 있다고 생각한다. 자신의 관점 안에서는 세상의 정답이 명확하고 뚜렷해보인다. 내가 운영하는 유튜브 채널의 댓글만 봐도 알 수 있다. 댓글을 다는 사람들 중 그 누구도 자기 답을 의심하지 않는다. 나의 재능과 능력을 명확히 파악하고, 동시에 세상을 객관적이고 냉철하게 바라볼 수 있는 사람은 어떤 사회든 많지 않을 것이라 생각한다. 그렇기에 우리는 노력해야 한다.

내가 나 자신을 알기 위해 했던 노력을 몇 가지 소개한다. 주변인들을 관찰하고 심리학을 공부하는 과정에서 가장 크게 와닿았던 내용을 정리한 것이다.

첫째, 감정에 따른 사고의 오류를 주의하라. 내가 경험했던 일 중에서 가장 큰 인지의 오류를 발생시키는 것은 바로 '내가 호감을 갖고 있는 사람의 판단에 지나친 신뢰도를 부여하는 것'이었다. 이는 올바른 목표와 꿈을 설정하는 데 있어 큰 방해가 된다. 예를 들어, 학생이라면 자신이 좋아하는 국사 선생님의 조언을 지나치게 신뢰하고 무조건 따르는 오류를 범하게 될 수도 있다. 내가 애정을 가지고 있는 대상이 나에 대해 부정확한 판단을 내리더라도, 이를 크게 의심하지 않고 신뢰할 가능성이 높다는 것이다. 반대로 내가 싫어하는 사람이라면 아무리 타당한 판단을 하더라도, 그 말을 수용하지 않게 된다. 가령 아버지를 죽도록 미워하고 싫어하는 사람이 있다고 해보자. 그 사람은 아버지가 자신에게 해주는 직업이나 꿈을 찾는 일에 대한 현명한 조언을 듣고도 이를 받아들이지 않고, 오히려 정반대의 진로를 택하려 할지도 모른다. 인간은 실로 감정적인 동물이다. 중요한 선택을 할 때는 항상 이러한 경향성을 염두에 두고 객관적으로 결정을 내려야 한다.

이를 위해서는 먼저, 조언을 해준 사람에게 내가 어떤 감정을 가지고 있는지 스스로 판단해보아야 한다. 이것이 단순히 호감이 있는 사람의 조언이기에 타당하다고 느끼는 것인지 또한 깊이 고민해봐야 한다. 호감이 전혀 없는 사람에게 똑같은 질문을 해 답변을 들어보는 것도 한 가지 방법이 될 수 있다. 비슷한 답이 돌아온다면 객관적인 판단일 수 있기 때문이다.

둘째, 고통받고 싶지 않다는 본능에 따라 편안한 것을 추구하면서 발생할 수 있는 오류를 조심하라. 인간은 쉽고 편한 것을 좋아한다. 그래서 의사 결정에 있어 쉽고 빠른 방법을 선택할 가능성이 높다. 누구나 문제나 혼란을 맞닥뜨리면 괴로운 상황에서 벗어나고 싶은 마음에 빨리 해결할 수 있는 방법을 선택하곤 한다. 그러나 이것은 정답이 아닌 경우가 많다.

예를 들어, 소송을 진행할 때도 빠르게 문제를 해결하는 데만 중점을 두는 경우 협상의 주도력을 잃을 수 있다. 가령 내 고객이 조정을 통해 반드시 한 달 이내에 소송을 끝내달라고 요청했다고 생각해보자. (보통 이럴 때는 고객이 소송에 대해 극심한 정신적 스트레스를 받고 있는 경우가 많다.) 나는 조정을 빠른 시간 내에 종결해야 한다는 압박감으로 인해 상대의 제안에 끌려다닐 가능성이 높아질 것이다. 데드라인이 가까워올수록 심리적으로 쫓기고 불안해지는 것은 내가 될 테니 말이다. 상대방이 이것을 눈치챌 경우 당연히 시간을 지연시키는 전략을 사용할 것이 분명하고, 우리는 데드라인에 임박할수록 훨씬 더 불리한 조건으로 조정되는 것을 감수해야 할 것이다. 문제 상황을 버티지 못하고 빨리 해결하고 싶은 (즉 마음이 편해지고 싶은 고통회피욕망) 상황에서 현명한 판단이나 좋은 결과를 기대하기는 어렵다. 늘 장기적인 관점을 가지고 의사 결정을 하고 있는 것인지, 고통에서 해방되고 싶은 마음에 급하게 의사 결정을 내리는 것인지에 대해 자문해보는 과정이 필요하다.

셋째, 희망을 실제 가능성으로 착각하는 오류를 조심하라. 가령 자영업을 창업한다고 가정해보자. 통계에 따르면 95%의 확률로 성공하지 못한다. 본인도 이 같은 사실을 알고 있음에도 '내가 하면 다를 거야'라는 희망을 기정사실처럼 생각하게 된다. 물론 그 사람이 나머지 5%에 해당하는 사람일 수도 있다. 그렇다면 100명 중 5등 안에 들 수 있는, 경쟁자와의 차별점과 역량을 갖추었는지에 대해 스스로 질문해보아야 할 것이다. 이 질문에 명확히 답변할 수 없다면 희망을 현실에 투영하고 있을 가능성이 높다.

희망은 항상 달콤한 것이다. 희망이 있기에 인간이 노력을 다하며 살아갈 수 있음은 분명한 사실이다. 다만, 희망이 사람을 그릇된 판단으로 이끌기도 하기에 반드시 냉정한 이성이 뒤따라야 현명한 결정이 가능하다는 것 또한 명심해야 한다.

나를 아는 것뿐만 아니라 세상에 대해서도 잘 알아야 한다. '지피지기' 중 '지피'에 해당하는 내용이다. 하지만 세상을 아는 일은 곧 나를 아는 일이기도 하다. 사람은 세상을 있는 그대로 보기보다는, 자신의 관점에 맞추어 재해석하는 경향이 있다. 따라서 객관적이고 현명한 판단을 위해서는 자신이 인지적 오류를 범하고 있지는 않은지 충분히 파악해야 하고, 동시에 다른 사람들도 나와 비슷한 오류를 범하고 있는지 살펴야 한다. 다른 사람들이 어떠한 방식으로 사고하는지를 파악할 수 있다면 어떻게 의사 결정을 하는지도 어느 정도 유추할 수 있기 때문이다. '지피지기'의 시작은 세상을 아는 것이 아닌, 나의 오류를 이해하는 것에서부터 출발해야 한다.

근거 없는 낙관은
자신감이 아니다

A씨는 20대 중반의 남성이다. 그는 SNS에서 자기 계발이나 성공 사례 관련 콘텐츠를 즐겨 본다. 그리고 자신도 언젠가 100억, 1,000억 부자가 될 수 있을 것이라고 호언장담하며 살아간다. 그러나 현재까지 일을 해서 돈을 벌어본 경험은 없다. 그동안 필요한 돈은 부모님에게 지원받아 살아왔다. 영상 속 부자들의 모습은 돈 버는 일이 별것 아닌 것처럼 느껴지게 만든다. A씨는 시행착오를 겪거나 엄청난 노력을 기울여본 적도 없으면서, 마치 시도만 하면 언제든 성공할 수 있을 것 같은 기분에 사로잡혀 있다. 1억 근처에도 가본 적 없지만, 100억은 쉽게 손에 잡힐 것 같다. 점차 현실 감각이 없어지고 있는 것이다.

'부자 되는 법'을 알려주는 책을 읽기 시작했다. 부자들은 '레버리지'를 활용한다고들 한다. 자신이 직접 일하지 않고 사람을 고용해 일을 시키거나 빚을 통해 부를 일구는 사람들도 많았다. 성공

공식은 이미 나와 있으니 실천만 하면 언제든 부자가 될 수 있을 거라고 생각했다.

드디어 A씨에게도 기회가 왔다. 투자에 성공해 큰돈을 벌었다는 친구가 투자를 제안한 것이다. 주식 종목을 구체적으로 언급하며, 투자만 하면 몇 달 내에 2배에서 3배 정도의 수익은 기본이라고 호언장담했다. A씨는 성공한 사람들이 흔히 말하는 '귀인'이 찾아왔고, '천재일우의 기회'를 만난 것이라고 생각했다. 이제 자신의 삶은 탄탄대로라고 생각했다. 좋은 주식 정보를 얻는 것도 능력이라고 생각했다. 인맥도 능력이니까. 드디어 100억을 벌 수 있는 기회가 온 것이다.

그리 어려워 보이지 않았다. 여기저기서 주변 사람들에게 돈을 빌리고, 대출도 받았다. 부자 관련 책에서 보던 바로 그 '레버리지'를 활용하는 것이다. 빌린 돈을 친구가 추천한 종목에 넣기만 하면 된다. 세상 사는 게 이렇게 쉬울 줄이야.

사실 A씨는 특별히 잘하는 것이 없다. 대학은 나왔지만 아르바이트 경험만 조금 있을 뿐, 어떤 분야에 대해 정통하거나 잘하고 싶어 노력한 적도 없다. 자신은 리더가 되고, 사람은 고용하면 되는 것이니까. 굳이 지식을 쌓을 필요는 없다고 생각했다. 돈도 빌리면 되는 것이었다. 투자를 제대로 공부해본 적도 없다. 사람들이 하는 말을 듣고 SNS에서 관련 콘텐츠를 몇 번 본 것이 전부였다.

결국 일이 터졌다. A씨는 자신이 투자한 종목이 휴지조각이 되어가는 과정을 눈으로 지켜봐야 했다. 해당 종목을 추천한 친구 역시 손해를 입었다. 결국 100억은커녕 더 큰 도박을 하지 않으면 갚지 못할 빚만 남았다.

요즘은 100억을 너무 쉽게 말하는 사람들이 많다. 특히 젊은 세대는 극단적으로 두 부류로 나뉜다. 사회나 세상을 부정적이고 비관적으로 보고 있는 사람들과, 세상을 만만하고 우습게 보고 100억을 쉽게 입에 올리는 사람들이다. 하지만 100억을 쉽게 말하는 사람치고 실제로 모은 경우는 거의 보지 못했다. 오히려 조용히 일에만 미쳐 있는 사람들이 목표를 이루는 것을 자주 보았다. 고대 그리스의 철학자 데모스테네스는 "사람은 바라는 것을 믿기도 한다"고 말했다.

최근 20대 초반 학생들과 멘토링을 하면서 놀라운 점 하나를 발견했다. 자산이 적거나 집안 형편이 어려운 사람일수록 오히려 '100억 자산이 목표'라고 쉽게 말하는 경우가 많다는 것이다. 한마디로 근거 없는 낙관을 가지고 있는 사람이 많았다. 근거 없는 낙관이란, 사회에서 자신의 객관적인 능력 수준을 스스로 판단하거나 평가할 수 없을 때 발생한다. 돈을 벌어보지 않은 사람들이 돈을 훨씬 우습게 알고, 사업을 해보지 않은 사람들이 사업을 더 쉽게 생각하는 이유다.

일부 자기계발서에서는 돈 버는 것이 쉽다고 말한다. 누구나 마음만 먹으면, 그리고 행동만 하면 가능한 것이라고 호도하는 경우가 있다. 그리고 이러한 콘텐츠가 유튜브 등 SNS 플랫폼에 자주 등장한다. 그런데 정말 세상이 그렇게 만만할까? 남들보다 앞서 나가기 위해 치열하게 노력하고, 이를 통해 실질적인 성과를 만들어 내야 돈을 벌 수 있는 게 현실이다. 투자도 마찬가지다. 일정 수준 이상의 실력과 통찰 없이는 어떤 분야에서든 돈을 벌기 어렵다. 이 것은 지극히 냉엄한 현실이다. 나는 이러한 과정 없이 쉽게 돈을 벌 었다고 하는 사람은 만나지 않는다. 실제로 돈을 벌었다 하더라도, 그 사람에게 배울 것은 없기 때문이다. 복권에 당첨되었다는 사람 에게 배울 것이 있을까? 부자도 다 같은 부자는 아니다.

요즘 일부 청년들 중에는 자산을 모으고 관리할 능력은 부족 한데, 꿈만 큰 경우가 많다. 그리고 이것을 자신감이라고 포장하고, 이를 긍정적으로 보는 시각도 있다. 나는 동의하지 않는다. 난 이런 사람들을 보면 과거 세간에 돌던 농담이 떠오른다. "어차피 합격하 지 못할 성적이라면, 그냥 서울대에 지원하라." 그럼 떨어지더라도 '서울대 지원자'라는 타이틀은 남을 테니까.

목표를 일부러 높여 말하면 실패를 해도 "노력했지만 허들이 너무 높아 실패했다"는 식으로 자신의 삶을 정당화할 수 있다. 그 릇이 작은 사람이나 회사에 들어가는 것이라고, 자신이 현재 취업 준비를 하지 않는 것도 앞으로 사업을 하려고 준비하는 중이라고 포장하는 식이다. 보통 사람들이 열심히 노력하고 차근차근 준비하 는 취업 과정이나 삶의 방식 같은 것은 자신과 맞지 않는다는 식으 로 합리화하기도 한다.

최근 가정 형편이 어려워 대학에 진학하지는 못했지만, 골프 장 캐디로 일하며 자신의 꿈을 이루기 위해 차근차근 준비하고 있는 20대 초반의 여성과 대화한 적이 있다. 대화를 나누면서 나는 이 여성은 반드시 성공할 것이라 확신할 수 있었다. 이 사람은 가난을 극복하고 꽤 많은 자산을 축적하게 될 것이라고 말이다. 그녀는 골프장 캐디로 일하면서 골프 관련 지식을 쌓는 등 자신의 일에 최선을 다하고 있었다. 월급을 철저하게 아끼고, 자산을 축적하고 있었으며, 캐디로 일하면서 얻는 경험으로 전문성을 쌓아 사업을 할 계획도 가지고 있었다. 동시에 짬짬이 책과 경제 신문을 읽으며 견문을 넓히고 있었고, 일주일 내내 일과 공부를 하는 데 시간을 썼다. 나는 그녀에게 외국어 공부와 온라인 마케팅을 공부해보라고 권했다. 향후 사업을 하는 데 반드시 필요할 것이 분명했으니까. 나의 조언에 그녀는 "그럼 6개월 공부해보고 피드백을 드리겠다"라고 답했다. 이 말을 듣고 나는 더욱더 그녀의 성공을 확신했다. 이런 모습이 진짜 자신감이다. 근거 없는 낙관에 취해 있는 것이 아니라, 삶에 최선을 다하며 이를 통해 자신의 능력을 증명해보이기 위해 노력하는 것, 그리고 그것을 통해 얻는 성과가 진정한 자신감의 원천이다.

남의 길을 따르지 말고
나만의 방향을 찾아라

A씨는 40대 초반의 남성이다. 그는 특별한 꿈 없이 평범하게 사는 것을 목표로 살아왔다. 지방 사립대학을 중간 성적으로 졸업한 후, 친구들을 따라 적당한 회사에 취직했다. 그곳은 승진이나 인센티브가 거의 없는 직장이었다. 40대가 된 지금의 월급은 300만 원 남짓이다. 결혼이나 가정에 대한 열망도 없었기에 30대 때 몇 번 찾아왔던 결혼 기회도 그냥 지나쳐버렸다. 그저 안락하고 편안한 삶을 누리는 것, 주 5일 근무하는 곳에서 정년퇴직하는 것이 그의 바람이었다.

이렇듯 특별한 목표 없이 살다 보니 돈을 모아야겠다는 절실함도 없었고, 자기 계발에도 관심이 없었다. 그 결과 40대가 된 지금 그가 모은 재산은 5천만 원 정도다. 그러던 어느 날, 회사가 재정 위기를 맞으면서 A씨의 이름이 정리해고 명단에 올랐다. 그제야 그는 자신의 미래를 진지하게 고민하게 되었다.

어떤 사람은 너무나 명확한 목표 설정으로 인해 실패하고, 어떤 사람은 목표가 없어서 실패한다. 각자가 처해 있는 상황에 따라 문제도 다르고 해결책도 다르기에 정답이란 건 없다.

뚜렷한 목표는 간혹 운신의 폭을 좁히기도 한다. 구체적인 직업이나 회사를 목표로 한다면, 다른 기업이나 직업에 대해 고민할 기회를 빼앗아 오히려 삶에서 많은 가능성을 제한하기도 한다. 넓은 관점에서 보지 못하기 때문에 기회가 눈앞으로 지나가도 알아차리지 못하는 것이다.

그러나 삶에 있어 구체적인 목표를 설정하는 일은 위기 관리의 관점에서 바람직할 때가 더 많다. '죽음과 세금은 피할 수 없다'는 말이 있다. 모든 인간에게 닥칠 위험은 바로 노화와 실직이다. 사람마다 구체적인 목표와 방향성은 다를 수 있지만, 인간이라면 누구나 노화와 실직에 대비해야 할 것이다.

사실 위기를 철저히 준비하고 대비하는 사람보다는, A씨와 같이 하루하루 별 생각 없이 살아가는 사람이 더 많은 것이 사실이다. 대부분의 사람들이 찾아오지 않은 위기에 대해 언급하는 사람을 불편하게 여긴다. 미래를 대비하자는 말은 인간이 가장 듣기 싫어하는 말이다. 혹시 모를 전쟁에 대비해 평소에 군사 훈련, 예비군 훈련을 더 자주 해야 한다고 말하면, 이에 대해 찬성하는 사람보다는 반대하는 이가 더 많을 것이다. 시험까지 아직 시간이 많이 남았는데 벌써부터 공부해야 한다고 목소리를 높이는 친구가 있다면, 아마도 짜증이 날 것이다. 이처럼 대비의 필요성을 느끼는 사람은 늘 적기 때문에 미리 준비하는 이들이 앞서 나갈 수밖에 없다.

꼭 자산이나 건강과 같은 주제가 아니더라도, 기본적인 목표와 방향성을 설정하는 일은 중요하다. 그 목표가 허황된 것이거나 망상에 가까운 것이 아니라면 말이다. 특히 직업과 같은 자신의 미래에 관한 목표와 방향성은 구체적일수록 좋다. 성장 지향성이 강한 사람이라면, 아무리 열심히 일해도 늘 최저시급을 전전하는 일을 선택했을 때 금방 근로 의욕을 잃어버리게 될 것이다. 앞서 A씨 역시 같은 경우다. 목표가 없어 일을 열심히 하지 않은 것도 사실이지만, 반대로 열심히 일해도 더 나은 소득을 올릴 가능성이 없을 때 또한 노력할 의지를 상실하게 된다.

진짜 문제는 목표 의식이 없는 의사 결정과 방향 설정이다. 처음부터 열심히 해도 성장하기 어려운 직업군이나 직장을 고민 없이 선택했다면, 향후 삶은 무기력해질 수밖에 없다. 가령 일류대 진학이 어려웠다면 굳이 공부로 승부를 보려 하기보다는, 다른 재능을 통해 더 나은 소득을 올릴 수 있는 직업을 선택하는 것이 좋다. 내가 열심히 노력했을 때 더 나은 성과나 대가를 받을 수 있는 직업을 선택한다면 삶을 무기력하게 느끼지 않게 될 것이다.

지인 중에 집안 형편이 어려워 대학에 가지 않은 이가 있다. 그러나 그에게는 확고한 목표가 있었다. 중고등학교 동창들이 명확한 목표 의식 없이 하루하루 단기 일자리를 전전하고 있을 때도, 그는 40세 전에 수도권 소재의 아파트를 대출 없이 사고, 금융 자산은 최소 3억을 모으겠다는 목표를 위해, 자신이 인정받을 수 있고 잘할 수 있는 일을 찾기 시작했다. 대가도 충분한 일이어야 했다. 적어도 30대에 들어서는 평균 월급이 500만 원 이상 되는 것을 목표로 했다. 일반적인 직장을 택해서는 불가능한 일이다.

그가 여러 가지 직업을 경험한 후에 최종적으로 선택한 일은 바로 청소업체 창업이었다. 처음엔 주변 지인의 소개로 일당을 받으며 쫓아다녔지만, 자신이 연구하고 일을 잘할수록 높은 소득을 올릴 수 있음을 알게 되었고, 일을 더 잘하기 위해 노력하면서 자신이 나중에 사업체를 열었을 때 어떻게 계약을 따올 수 있을지, 어떻게 고객을 확보할지에 대해 집중적으로 연구하기 시작했다. 그리고 20대 내내 청소업을 하며 전문성과 자산을 쌓아 30대 초반에는 자가 아파트를 소유하게 되었다. 자신이 20대 초반에 설정한 목표를 예상보다 더 빠르게 이룬 것이다.

이처럼 명확한 목표 설정과 방향성은 삶의 큰 차이를 만든다. A씨가 정리해고라는 위기를 맞고서야 비로소 자신의 인생을 되돌아보게 된 반면, 청소업체를 창업한 지인은 일찍부터 구체적인 목표를 설정하고 이를 달성하는 길을 찾아 성공했다. 결국 우리 인생에서 가장 중요한 것은 남들의 삶을 모방하는 것이 아니라, 자신만의 뚜렷한 목표를 세우고 그것을 이루기 위해 계획적으로 나아가는 일이다.

약점을 먼저 해결하라

A씨는 20대 중반의 남성이다. 그는 어릴 때부터 '하고 싶은 일을 하라', '좋아하는 일을 하며 가지고 있는 재능과 장점을 계발하라'는 조언을 들으며 자랐다. 늘 자신이 가진 단점에 대해 생각하기보다는, 자신이 잘하는 것에 집중했다. 그리고 언젠가는 이 세상이 자신의 장점과 능력을 인정할 날이 반드시 올 것이라 생각하고 있었다.

A씨는 무의식적으로 자기가 가진 결점이나 약점에 대해 생각하지 않으려 노력했다. 불편하고 불쾌한 일이기 때문이다. 사실 A씨는 혼자 하는 활동에는 자신이 있었지만, 주변 사람들과 관계를 맺고, 대화를 나누는 것에 서툴렀다. 그리고 자기가 잘하고 칭찬받을 수 있는 일만 하려 했다. 자신의 강점을 계속해서 발전시켜 나가면 자연스레 기회가 올 것이라 여겼다. 잘하는 것에만 몰두하다 보니, 자신의 약점인 대인관계의 기술은 영 발전이 없었다. 대화법, 글쓰

는 방법 등 자신의 생각을 부드럽고 효과적으로 표현하는 방법을 배우는 일에는 소홀했다. 약점은 약점으로 남겨두어도 상관없다고 판단했기 때문이다.

A씨는 특정 분야에서는 확실히 두각을 나타냈다. 그 분야의 전문가가 되고 싶다는 열망과 그에 걸맞은 자신감도 있었다. 하지만 자신의 장점을 타인에게 설명하고 알리는 것에 취약하다 보니 좀처럼 기회가 오지 않았다. 그렇게 20대 중반에 이르렀지만, 여전히 장점에만 집중한 채 단점은 마주하지 않다 보니, 이를 극복하는 데 한계가 있었다. 개인에게 재능이 있는 것과 그것을 사회적으로 인정받는 일은 전혀 다른 문제다.

최근에는 강점 계발의 중요성이 강조되고 있다. 예를 들어 공부를 못하는 사람은 공부 대신 다른 것에 도전하면 된다는 식의 사고다. 물론 맞는 말이다. 사람은 각자 가지고 태어난 재능과 능력이 다르다. 그리고 사람마다 강점 분야도 다르다. 현대 경영의 아버지인 피터 드러커도, 사람은 오직 강점을 통해서만 성과를 거둘 수 있다고 역설한다. 약점을 토대로 성과를 낼 수 있는 사람은 없다고 단언한 것이다.

다만 여기서 우리가 생각해보아야 할 점이 있다. 과연 강점은 언제 발견할 수 있는가 하는 것이다. 강점은 실제로 일을 하며 타인에게 인정받을 때 비로소 발견할 수 있는 것이다. 다시 말해, 그 능력을 통해 보상을 받을 수 있을 때 확인되는 것이다. 문제는 이러한 기회가 부여되지 않으면 자신의 강점과 약점을 발견하는 일은 생각보다 쉽지 않다는 데 있다. 기회가 있어야 자신의 실력을 발휘할 수 있기 때문이다.

A씨의 경우에도 다른 능력이 아무리 뛰어나도 대인관계 기술이 부족하다면 면접관이나 고용주를 설득하지 못해 기회를 놓칠 수 있다. 강점만으로 성과를 내려면 이미 어느 정도 경력이 쌓여 있어야 한다. 하지만 사회초년생, 특히 A씨와 같은 20대는 의사소통 능력이라는 최소한의 요건을 갖추지 못하면, 자신의 강점을 발휘할 기회조차 얻지 못할 가능성이 높다.

약점을 먼저 해결해야 한다. 최근에는 '나다움'이라는 것, 즉 개성을 중시하는 문화 속에서 자란 젊은 세대가 노동 시장에 진입하고 있다. 그들은 회사 생활을 통해 자신의 개성을 표출하고 싶어 하고, 소득 활동도 이와 결부시켜 생각한다. 자신의 개성이나 장점을 통해 돈을 벌거나 생계를 유지하고 싶다는 희망이 가득한 것이다.

장점을 계발하는 사고가 옳다는 흐름이 형성된 데에는, '내가 하고 싶은 일, 잘하는 일'을 통해 돈을 벌고 싶다는 욕구가 있다. 최근 SNS를 통한 수익 활동이 증가하면서 이러한 경향이 더 뚜렷해졌다. 자신의 장점과 시대의 요구가 잘 맞아떨어지면 유명해질 수 있고, 이를 통해 수익도 올릴 수 있기 때문이다. 여기에는 타인에게 비난이나 비판을 듣지 않으면서 자신이 원하는 것을 이루고 성공하고 싶은 지금 세대의 생각도 반영되어 있다.

다만 우리가 기억해야 할 것은, 재능이나 장점이란 것은 굉장히 상대적인 개념이라는 사실이다. 많은 책에서는 자신을 분석하고 강점을 계발하라고 역설하지만, 이런 연구들은 대부분 통제된 학술적 환경에서 이루어진 것이다. 실제 사회에서의 평가는 훨씬 복합적이다.

강점 분석은 주관적이고 상대적일 수밖에 없기에, 자신의 능력을 객관적으로 파악하려면 실제로 일을 하면서 경쟁자들과 부딪혀봐야 한다. 자신이 특별하다고 생각했던 것이 현실에서는 평범한 수준에 불과할 수도 있다. 만약 선택한 분야에서 자신의 재능이 평균 이하라면 어떻게 할 것인가? 이런 상황에서는 약점은 보완하고 문제는 극복할 수 있는 사고방식과 태도가 필요하다. 장점에만 의존하면 어려움에 처했을 때 그 상황을 회피하는 일에만 정당성을 부여하게 되고, 끊임없이 새로운 '장점'을 찾아 헤매는 삶이 될 수도 있다. 나는 최근 젊은 세대의 잦은 직업 변동이 단순한 사회경제적 요인뿐만 아니라 '내 장점을 살려서 살아야 한다'는 사고방식에서 비롯된 것이라고 생각한다.

어떤 업계에서든 그 안에서 생존 경쟁을 하다 보면, 나와 비슷한 수준의 재능과 장점을 가지고 있는 사람들을 많이 만나게 된다. 변호사를 예로 들어보자. 학습 능력이나 지능에는 개인차가 있겠지만, 변호사 시험을 통과했다는 기준으로 볼 때 대부분의 변호사들이 기본적인 업무 수행 능력은 갖추었다고 볼 수 있다. 문제는 차별화다. 항상 새로운 기회는 차별화에서 출발한다. 자신이 부족하다고 생각하거나 재능이 없다고 생각하는 것을 찾고 보완해서 하나씩 장점으로 바꿔나갈 때 남들보다 앞서 나갈 수 있다.

나는 늘 그동안 해보지 않았던 일이나 못하던 일을 해냈을 때 훨씬 더 많은 것을 배우고 사고의 범주가 확장되는 것을 체감할 수 있었다. 강점만을 계발하다 보면 시야가 좁아진다는 사실을 깨달았고, 그때부터 약점을 하나하나 해결하며 통합적으로 사고하는 법을 터득했다. 그 결과 훨씬 더 많은 기회가 생겼다. 내향적인 사람이었던 나는 사람들과 의사소통하는 방법을 고민해야 했다. 남들에 비해 혼자 고민하고 연구하고, 깊이 성찰하는 것에 강점을 가진다고 자부했지만(이것도 나의 착각이었을지 모른다), 남들이 알아주지 않으면 아무 쓸모없는 일이었다. 결국 편안한 내 안의 틀을 깨고 나와, 외부 사람들과의 소통을 위해 노력해야 했다. 그리고 이러한 노력은 내 삶에 많은 기회를 가져다주었다. 유튜브를 시작하게 된 것도 같은 이유에서였다. 나는 내 삶이 외부에 공개되는 것을 매우 꺼리던 사람이다. 그럼에도 불구하고, 단점을 해결하기 위해 여러 시도를 했고, 그 노력들은 아주 유용하게 작용했다.

나는 글쓰기에도 늘 자신이 없었다. 이공계 출신이었기에 간단한 수식으로 표현하는 것을 더 편하게 생각했다. 로스쿨에 입학했을 때 가장 어려움을 겪었던 것도 글쓰기였다. 글을 잘 쓰지 못하는 내가 하고 싶었던 일은, 아이러니하게도 글쓰기로 밥벌이를 하는 변호사였다. 그리고 책을 쓰는 것이었다. 현재 나는 변호사로 일하며 책을 쓰고 있다. 하고 싶은 것이 분명하다면, 내 강점과 약점을 따지기 이전에 지금 내가 해야 할 일이 보일 것이다. 그리고 그 일을 해나가다 보면 약점은 자연스레 강점으로 바뀔 것이고, 강점은 더욱 발전할 것이다. 결국 진정한 성장은 장점만을 키우는 데 있지 않다. 약점을 직면하고 극복하면서 자신의 모든 가능성을 열어가는 데 있다.

자신의 삶에 집중하라

A씨는 20대 후반의 여성이다. 정치와 사회 문제에 관심이 많다. 매일 아침 정치, 사회면 기사를 읽고, 이에 대한 인플루언서들의 의견도 열심히 찾아본다. SNS의 각종 정치 관련 인플루언서들에 대한 후원과 지원도 아끼지 않으며, 새로 업로드되는 콘텐츠도 빠짐없이 챙겨 본다.

그녀는 논란이 되는 발언을 한 정치인에게 항의하거나 자신이 지지하는 정치인을 위한 시위에도 참여한다. 노동조합에 가입해 사회 구조의 변혁을 촉구하고, 재벌과 기업의 부도덕함을 비판하는 데도 거리낌이 없다. 특히 환경, 여성 문제, 노동자 권리에 큰 관심을 기울인다. 비정규직으로 일하는 본인의 상황과도 맞닿아 있기 때문이다. 자신이 회사에서 안정적으로 일하지 못하고 역량을 인정받지 못하는 이유가 이러한 사회 구조적 문제 때문이라고 생각한다.

A씨는 SNS에서 정치와 사회에 대한 의견을 드러내며 자신의 존재 가치를 확인한다. 세상을 바꾸고 있다는 믿음으로 각종 정치인, 시민단체 활동에도 적극 참여하고 있다. 그러나 문제는 정작 자신의 역량을 키우는 데는 소홀하다는 점이다. 저축이나 직업적 능력 향상보다는 외부 활동에만 집중한다. 사회와 정치는 바꿀 수 있다고 믿지만, 정작 자신을 변화시킬 수 있다고는 생각하지 않는다. 모든 관심이 자신이 아닌 외부로 향하고 있는 것이다.

　나 역시 20대 초반에는 내가 바꿀 수 없는 일들에 관심이 많았다. 일면식도 없는 사람의 팬이 되고, 내 삶에 직접적으로 도움이 되지 않는 사람들과 교류했다. 이런 경험이 견문을 넓혀준 것은 사실이다. 당시 나는 모든 문제가 위정자들 때문이라 생각했고, 지도자가 바뀌면 내 삶도 나아질 것이라 믿었다. 하지만 이런 관심이 내 삶을 긍정적으로 바꾸지는 못했다. 매일 정치, 사회 기사를 보며 통찰력을 키워도, 내 삶에 실질적인 변화는 없었다. 사회 불평등에 대해 비판하면서도 스스로 먹고사는 일조차 해결하지 못했다. 어쩌면 나도 누군가가 내 삶의 문제를 해결해주길 바랐는지 모른다.

　정치에 관심을 갖는 것은 문제가 되지 않는다. 그러나 정치에 지나치게 몰두하면 사고의 방향은 내부보다 외부로 향하게 된다. 자신에 대한 이해와 삶에 대한 진지한 고민보다 사회적 문제를 진단하는 데 집중하게 된다. 모든 문제의 본질을 나 자신에게서 찾을 것인가, 외부에서 찾을 것인가 하는 질문의 답이, 바로 삶에서 가장 중요한 가치관을 형성하는 중요한 관점이다.

당신은 내 삶을 개선할 수 있는 행동과 내 힘으로 할 수 있는 일에 집중할 것인가, 아니면 남 좋은 일만 하며 살 것인가? 당연히 전자에 집중하는 것이 현명한 선택일 것이다.

삶은 생존과 적응의 과정이다. 생존은 결국 경쟁을 의미한다. 혹자는 이러한 관점을 냉혹하다고 비판할 것이다. 나도 타인에 대한 이해, 공감과 배려가 중요하다고 생각한다. 사회와 타인에 무관심해지라는 것이 아니다. 하지만 세상은 냉혹하다. 우리가 인식하든 하지 않든, 항상 경쟁자들이 존재한다. 치킨집 사장의 경쟁자는 같은 프랜차이즈 사장들뿐만 아니라, 향후 치킨 시장을 위협할 새로운 외식 사업자까지 포함된다. 눈에 보이는 경쟁자뿐 아니라 보이지 않는 경쟁자도 존재한다는 것이다. 이런 상황에서 우리가 할 수 있는 것은 자신을 발전시키고 노력하는 것뿐이다. 이것이 우리가 세상에 맞서 싸울 수 있는 유일한 방법이다. 동종 업계 사람들보다 더 많이 노력하고, 먼저 미래를 준비하는 것, 오늘 내 삶을 위해 무엇을 할 수 있는지를 고민하는 것이다.

모든 사람들이 생존을 위해 최선을 다한다. 만약 그들의 처절한 노력이 보이지 않는다면, 내가 절실하게 노력하지 않아서일 가능성이 크다. 내가 느슨한 사고를 하면 타인의 노력도 무감각하게 인식되기 때문이다.

세상은 승자와 패자로 나뉜다. 이런 말이 구시대적 발상이라 비판받기도 하지만, 경쟁은 인류 역사상 사라진 적이 없다. 협력과 상생이 중요한 때도 있지만, 말로는 협력을 주장하다가도 불이익이 닥치면 자신의 안위를 먼저 생각하는 것이 인간이다. 정리해고 상황이 닥쳤을 때 다른 직원 대신 내가 그만두겠노라 나서는 사람은 드라마 안에서나 존재한다. 평소 상생과 협력을 강조하던 사람도 마찬가지다. 남들의 노력을 막을 수 없으니, 내가 노력하는 것 외에는 방법이 없다. 약육강식의 현실을 이해할수록 내가 현재 바꿀 수 있는 것에 집중하게 된다. 세상은 생각보다 치열한 곳이다. 이상만으로는 살아남을 수 없다.

지인 중에 20대 초반에는 열성적으로 정치 활동을 하다가 현재는 사업가가 된 사람이 있다. 그는 세상을 긍정적으로 바라보며, 사람들의 생각만 바뀌면 세상도 더 밝아질 것이고, 경쟁보다는 연대와 협력으로 성과를 낼 수 있다고 믿었다. 사람에 대해 늘 긍정적인 관점을 유지하며 이상적인 세상을 만들기 위해 노력했다. 그러나 20대 후반이 되도록 이룬 것은 아무것도 없었고, 그 상황에서 건강이 악화된 부모님의 치료비를 홀로 감당해야 했다. 그는 세상을 바꾸겠다고 열심히 활동했음에도 정작 부모님을 돌볼 능력조차 없다는 사실에 자괴감을 느꼈다. 그리고 지금 당장 자신이 할 수 있는 일에 집중해야 한다고 생각하게 되었다. 그 후 그는 정치 활동을 그만두고 일에 매진했다. 뼈를 깎는 노력으로 능력을 쌓아 현재는 사업으로 상당한 수익을 올리고 있다. 그는 이제 '자신의 문제조차 해결하지 못하고 스스로를 바꾸지 못하는 사람이 어떻게 세상을 바꿀 수 있겠냐'고 말한다.

결국 만족스러운 삶의 비결은, 자신이 바꿀 수 없는 거대한 것보다 당장 할 수 있는 일에 집중하면서 바꿀 수 있는 일부터 바꾸는 것이다. 우리는 늘 부족하고, 개선할 점이 있다. 시선이 외부로 향할수록 자신의 부족함은 잊게 되고, 성장 가능성은 낮아진다는 것을 명심하라.

과거에 얽매이지 말고
미래를 선택하라

A씨는 어릴 때 가정에서 학대를 당했다. 유년 시절 부모님은 늘 돈 문제로 다투었고, 아버지는 자주 폭력을 휘둘렀다. 어머니는 맞으면서도 A씨를 보호하려 애썼지만, 그 시도는 번번이 실패했다. 아버지가 어머니를 흠씬 두드려 패고 나면, 다음은 A씨 차례였다. A씨는 술에 취하지 않은 아버지와 대화하는 것이 소원이었다. 그리고 자신 때문에 인생이 꼬였다는 아버지의 원망 섞인 말을 더 이상 듣지 않게 되기를 간절히 바랐다. 항상 '모든 문제는 너 때문'이라고 몰아붙이는 아버지로 인해 A씨의 자존감은 바닥으로 떨어졌다. 자신의 존재 가치에 끊임없이 의문을 품으며, 지옥 같은 가정에서 벗어나고 싶다는 열망만이 날로 커져 갔다.

아무런 희망이 없던 A씨는 어떻게 살아야 할지, 무엇을 해야 할지 갈피를 잡지 못했다. 제대로 된 교육을 해줄 사람도, 성실히 공부할 수 있는 환경도, 고민을 털어놓을 사람도 없었다. 이런 막막한 상황에서 벗어날 방법을 찾지 못해 고민하던 그때, 기적과도 같은 일이 일어났다. 초등학교 6학년 때 만난 담임 선생님이 A씨의 구원자가 된 것이다. 선생님은 늘 우울한 표정을 짓고 있는 A씨에게 특별한 관심을 기울였다. A씨를 따뜻한 시선으로 지켜보던 선생님은 어느 날 A씨 몸에 있는 멍을 발견하고 사정을 물었다. 그리고 A씨의 어머니와 상담한 뒤 경찰에 신고했다. 지원받을 수 있는 각종 복지 혜택을 설명하면서 A씨의 미래를 위한 일이라며 어머니를 설득한 것이다. 결국 아버지는 아동학대로 구속되었고, A씨와 어머니는 가정폭력 쉼터로 피신하게 되었다.

폭력에서는 벗어났지만, A씨의 미래는 여전히 안갯속이었다. 담임 선생님은 A씨에게 공부를 권하며, 필요하다면 학비도 지원해 주겠노라고 말해주었다. 사회 복지사도 찾아와 다양한 경제적 지원책을 안내했다. 그러나 이런 소중한 기회를 붙잡기에는 A씨의 자신감이 너무 부족했다.

주변의 도움은 충분했다. 사회 복지 제도도 마련되어 있었다. 하지만 A씨는 스스로를 믿지 못했다. 자신 같은 처지의 사람이 과연 꿈을 꾸어도 되는 건지, 노력해도 현실을 극복할 수 있을지 확신하지 못했다. 결국 주변의 열정적인 도움에도 불구하고 A씨는 포기하는 길을 택했다.

같은 시기, 담임 선생님은 A씨와 비슷한 처지에 놓인 또 다른 학생 B씨에게도 관심을 기울이고 있었다. B씨 역시 알코올 중독인 아버지와 가출한 어머니 밑에서 자란 불우한 학생이었다. 그러나

228

B씨에게는 분명한 목표와 꿈이 있었다. 더 나은 삶을 살 수 있다는 믿음을 가지고, 주어진 기회를 놓치지 않으려 한 걸음씩 앞으로 나아갔다. 그 역시 학대받는 아이였지만, 친척을 미성년후견인으로 지정하고, 친권 상실 절차를 밟아 아버지와 분리하는 데 성공했다. 법적으로 보호받을 수 있게 된 것이다. 선생님은 B씨에게도 공부를 권하며, 다양한 지원 제도와 정보를 제공했다.

10년 후에 A씨는 중소기업에서 안정적인 직장 생활을 하고 있었다. 그러나 그에게는 여전히 꿈도 희망도 없었다. 더 나은 삶에 대한 기대나 목표도 없었다. 고등학교를 졸업하자마자 취업했지만, 소득 상승 가능성이 낮은 직장과 업계를 선택했고, 어머니를 부양해야 한다는 부담감까지 짊어진 채 하루하루를 버텨야 했다. A씨는 점점 과거에 자신감 부족으로 기회를 놓친 것에 대해 후회하기 시작했다.

한편, 10년 후에 B씨는 명문대학에 입학해 있었다. 중고등학교 시절 남다른 열정으로 공부했던 그는, 불리한 환경을 극복하기 위해 가능한 모든 자원을 활용했다. 고액 과외를 받을 수 없었기에 무료 봉사활동으로 과외를 해주는 대학생들과 적극적으로 연락하고, 교무실에 찾아가 선생님들과 친분을 쌓으며 학습 지도를 받았다. 선생님들은 때때로 문제집을 주거나 선배들이 쓰던 교재를 구해주기도 했고, 대학 입시 정보도 아낌없이 제공했다.

B씨는 자신의 상황에 유리한 대학 특별전형과 장학금, 생활비 지원 방안을 철저히 조사해 활용했다. 대학에 입학한 후에는 공부

와 아르바이트를 병행해야 했지만, 사회로부터 받은 많은 지원에 감사하며 어려움을 감내했다. 대학 생활 중에도 비슷한 환경에서 성공한 선배들과 교류하며 더 큰 영감을 얻었고, 현재는 명문 로스쿨에 특별전형으로 입학해 법조인이라는 꿈을 향해 정진하고 있다.

후회란 과거의 잘못된 결정에서 비롯되는 감정이다. 이 감정은 인간만이 가진 특권이자 저주와도 같다. 후회를 통해 우리는 성장하기도 하고 좌절하기도 한다. A씨와 B씨는 비슷한 환경에서 전혀 다른 선택을 했다. B씨는 불리한 상황을 직시하고 극복하기 위해 부단히 노력했지만, A씨는 중요한 결정 앞에서 주저하고 기회를 놓쳤다. 특히 자신을 도우려 했던 멘토와 조력자들의 조언을 받아들이지 못한 것이 가장 큰 차이를 만들었다.

후회 없는 삶을 살려면 인생 선배들의 지혜에 귀를 기울여야 한다. 또한 항상 과거의 상황에 지나치게 얽매이지 말고, 미래를 위한 선택을 하려고 노력해야 한다.

내가 교육 봉사를 하며 알게 된 사실은, 환경적으로 불리한 학생들이 오히려 교육에 폐쇄적인 태도를 보이거나 자기 발전에 회의적인 경우가 많다는 것이다. 또한 무언가에 몰입하고 노력하는 습관이 부족한 경우가 많다. 그러나 후회 없이 살기 위해서는 자신을 고정된 관점으로 바라보거나 스스로 한계를 정하지 말아야 한다. 인생을 깊이 고민하고 성찰하며, 자신이 가진 자질이 무엇인지 발견하려는 노력이 중요하다. 자신이 무엇을 할 수 있는지, 만약 할 수 없다면 왜 그런지 파악해야 한다. 목표를 이루기 위해 필요한 것은 공부하고 익혀야 하며, 무엇보다 학습과 성장이 삶의 필수적인 요소라는 것을 잊지 말아야 한다. 이러한 태도로 살아갈 때 후회 없는, 충만한 삶이 펼쳐진다.

누구에게나 좋은 기회가 주어지지는 않는다. 특히 불우한 환경일수록 더욱 그렇다. 집안 환경의 차이는 결국 그 사람에게 오는 기회의 횟수로 나타난다. 부유한 가정은 자녀에게 많은 기회를 제공할 수 있지만, 가난한 환경에서는 제한적이다. 따라서 불우한 환경에 놓인 사람일수록 자신에게 주어진 기회를 어떻게 붙잡고 활용하느냐가 삶의 향방을 크게 좌우한다는 사실을 알아야 한다.

10년 후에 후회하지 않기 위해서는 지금 당장 행동해야 한다. 과거의 상처에 발목 잡히지 말고, 미래를 위한 첫걸음을 내딛는 용기, 주어진 기회를 붙잡는 결단력, 그리고 포기하지 않는 꾸준함이 당신의 삶을 바꾸는 열쇠가 될 것이다.

인생 컨닝페이퍼 — 꿈

1. 가난에서 벗어나기로 결심하라
- 먼저 스스로의 재능과 능력을 명확히 파악하고, 세상을 객관적이고 냉철하게 바라보라.
- 근거 없는 낙관은 버려라. 남들보다 앞서 나가기 위해 치열하게 노력하지 않으면 변화는 없다. 아무것도 하지 않으면서 저절로 부자가 되거나 성공할 거란 망상은 버려라.
- 가혹하게 들릴지 모르지만, 당신을 계속 가난 속에 있게 만드는 친구와는 관계를 끊어라. 지금의 환경에서 벗어나 돈을 벌 궁리를 하라. 특히 늘 생산성 없는 대화만 나누는 친구나, 만나기만 하면 술 마실 생각만 하는 친구를 멀리하라.

2. 자신의 삶에 집중하라
- 내가 무엇을 원하고 왜 사는지에 대해 충분히 생각하고 확신을 얻어라. 내면의 질문에 대한 진정한 해답은 오직 자기 자신만이 찾을 수 있다. 온라인에서 건질 수 있는 건 실용 지식이지, 자아가 아니다. 자신과 진지하게 대화하라.
- 강점만 개발하려 하지 말고, 먼저 약점을 없애라. 모르는 척 숨겨둔 그 약점이 언젠가 당신의 발목을 잡을 것이다.

- 정치, 사회, 스포츠, 연예인에 신경 쓸 시간에 자신에게 집중하라. 당장 내가 할 수 있는 일을 하고, 바꿀 수 있는 것부터 바꿔라. 시선이 외부로 향할수록 자신의 부족함을 잊게 되고, 성장 가능성은 줄어든다는 것을 명심하라.

3. 자기 투자의 복리 효과를 누려라

- 명확한 목표 설정과 방향성은 인생의 큰 차이를 만든다. 되도록 빨리 자기만의 뚜렷한 목표를 세우고 그것을 이루기 위해 계획적으로 나아가라.
- 기회를 잡는 용기를 가져라. 현실에 안주하지 말고 주변의 도움을 받아들이고 스스로 노력하며 새로운 기회를 잡아라. 10년 후에 후회하지 않으려면 지금 당장 행동해야 한다.

4. '부자'라는 꿈을 이뤄라

- 뚜렷한 목표 없이 그저 부자가 되려고 돈을 모으지 말라. 노후와 실직을 대비한다는 생각으로 구체적으로 계획하고 실행하라.
- 부자가 되고 싶다면 남들보다 더 나은 사람이 되기 위해 실질적인 노력을 해야 한다. 그런 의지가 있는 사람만이 재산을 모을 수 있다. 많은 사람들이 부를 추구하면서도 자산을 축적하지 못하는 이유는, 자신의 성장에 대해서는 고민하지 않고 오로지 금전만을 추구하기 때문이다.
- 남들이 가는 길을 그저 생각 없이 따르면 앞서 나갈 수 없다. 자신의 능력과 강점을 살린 직업을 찾고 그곳에서 승부를 보라.

6장 ― 마인드

노력, 노력, 노력,
그 다음은 믿음이다

부자가 될 마음이 없으면
부자가 될 수 없다

A씨는 30대 초반의 남성이다. 그는 어릴 때부터 부자가 되길 꿈꿨다. 엠제이 드마코MJ DeMarco의 《부의 추월차선》과 같은 책을 읽으며 늘 부자가 된 자신의 모습을 상상했다. 책의 주인공처럼 부의 서행차선, 즉 천천히 하나하나 일구어 나가며 자산을 축적하는 것은 어리석은 일이라고 여겼다. 명품 외제차를 몰고 다니면서 매력적인 여성을 유혹하고 싶었다. 인기 있는 사람이 되고 싶었다.

거리를 걷다가도 고급 외제차를 보면 화려한 삶을 살고 싶다는 생각이 들었다. 친구들에게도 "난 부자가 될 거야. 외제차를 사고, 좋은 집에 살며, 크루즈 여행을 다니며 살거야"라고 말하곤 했다. 그는 부자들의 겉으로 드러나는 모습에만 관심을 가졌다. 그들이 얼마나 치열하게 살아왔고, 어떤 방식으로 세상을 바라보는지에 대해서는 무관심했다. 재테크 관련 콘텐츠를 볼 때도 자신에게 유리한 정보나 듣고 싶은 이야기만 골라 기억했다.

"공부해서 뭐하냐? 공부 잘한다고 부자가 되는 것도 아니잖아"라고 말하며, 학업에 소홀했고, 회사 생활에도 열정이 없었다. 어차피 평생 월급을 받으며 살 생각은 없었기에 무엇을 하더라도 늘 건성이었다. 직장에서는 최소한의 업무만 수행하려 애썼고, 퇴근 후에 뭘 하면서 놀지만 생각했다.

그는 여전히 같은 자리에 머물러 있다. 나름 노력하고 있다고 생각하지만, 직장에서의 급여는 몇 년째 큰 변화가 없다. 당연한 결과다. 회사에 기여하는 바가 없으니까. 오히려 해고당하지 않은 게 다행인 상황이었다. 회사 동료들도 A씨를 내심 부정적으로 바라보고 있다. A씨는 늘 동료들에게 "이런 직장은 언제든지 때려치울 수 있다", "이까짓 직장 그만두면 그만이지" 하고 말하고 다닌다. 현재 자신이 몸담고 있는 회사임에도 비판적인 발언을 쏟아내며 헛된 상상만 하는 A씨를 그 누구도 좋아하지 않는다. A씨가 성공할 것이라고 생각하는 사람은 아무도 없었다. 그에게 기회를 주려 하거나 함께 일하고 싶어 하는 사람도 없었다.

부자가 되려 한다는 것은 결국 '도약에 대한 의지', '성장에 대한 열망'을 의미한다. 당신이 부자가 되려 한다면 남들보다 더 나은 사람이 되기 위해 실질적인 노력을 해야 한다. 이러한 의지가 있는 사람만이 재산을 모을 수 있다. 어떻게 더 나은 사람이 될 수 있을지, 어떻게 하면 더 많은 재화를 획득할 수 있을지 끊임없이 고민하고 행동하지 않는다면 부를 얻는 것은 불가능하다. 많은 사람들이 부를 추구하면서도 자산을 축적하지 못하는 이유는, 자신의 성장에 대해서는 고민하지 않고 오로지 금전만을 추구하기 때문이다. 대부분의 사람은 일하지 않고 편히 살고 싶어서 부를 욕망한다. 물론 이것이 잘못된 것은 아니다. 하지만 그것을 동기로 한다면 목표 달성에 실패할 가능성이 높다. 자신의 안위, 즐거움, 소비에 대한 욕구를 위해 부를 축적하고자 한다면, 얼마 지나지 않아 부자가 되고자 하는 열망은 금방 식어버릴 것이기 때문이다. 사람들은 자신의 소원을 목표로 착각하는 경향이 있는데, 소원은 소원일 뿐이다. 원하는 것과 이루려고 하는 것은 다르다. '부자가 되고 싶다'고 말하는 사람 중 상당수는 그저 막연한 바람만 갖고 있다. 이런 사람들은 실제로 부자가 될 생각은 없는 사람이다.

특히 가난한 사람이 부자가 되기로 결심했다면, 경쟁자보다 훨씬 더 노력하고, 훨씬 더 높은 목표를 바라보며 더 빠르게 행동해야 한다. 그리고 경쟁자보다 월등히 뛰어나야 한다. 요행에 기대는 도박이 아니라 실력으로 승부를 보겠다면, 이는 피할 수 없는 전제다.

부를 창출하는 과정에서 자신의 성장과 역량의 향상은 필수일 수밖에 없다. 인간은 시행착오를 겪고 이를 고민하고 분석하면서 발전하는 존재다. 자신의 경험이 성공이라면 그에 따른 깨달음을, 실패라면 그에 따른 교훈을 얻기 마련이다.

부자는 대부분 '일과 직업을 사랑하고, 이에 몰입한' 사람들 중에서 탄생한다. 그들은 일을 고생이나 고통으로 받아들이지 않고, 그 안에서 자신을 발견하고 능력과 적성을 찾아 성장시키는 '성장

마인드'를 가지고 있다. 그들은 심리학자들이 '내재적 동기'라고 부르는, 성공을 위한 동기를 자기 안에서 찾는다. 그리고 이 세상에 쉬운 일이라는 건 아무것도 없지만, 그럼에도 반드시 해낼 수 있다고 믿으며 끝없이 시도하고 도전한다.

공짜를 바라는 심리에서 벗어날수록 부에 가까워진다. 무엇이든 노력 없는 대가는 존재하지 않는다. 스스로를 극한으로 몰아붙이며 자신의 한계를 경험하고 시험해보아야 한다. 도전을 멈추어서는 안 된다. 그리고 내 경험상 이러한 과정은 굉장히 천천히 그 효과를 드러낸다. 오랜 시간과 정성을 쏟아야 변화를 경험할 수 있기에 대다수의 사람들이 성과가 나타나는 때를 기다리지 못하고 중간에 포기해버린다.

노력, 그 다음은 믿음이다. 열정적으로 노력하고 있다면, 그 노력이 반드시 결실을 맺을 것이란 확신을 가져야 한다. 나는 뇌과학에 관심이 많다. 그래서 어떤 분야에서든 인간의 믿음과 노력에 따라 실제 능력과 의지가 발전할 수 있다고 믿는다. 성장에 대한 열망은, 결국 '나는 성장할 수 있다'는 신념을 필요로 한다. 실제로 새로운 것을 학습하면 정보 전달 및 저장을 담당하는 뇌세포들의 신경결합이 증가한다는 연구 결과가 있다. 지능 역시 향상될 수 있다는 것이 입증되었다. 결국 적극적으로 경험하고 학습하고 이에 대해 노력한다면, 재산이든 무엇이든 당신이 원하는 목표에 한 걸음 더 다가갈 수 있다는 것을 현대 뇌과학과 심리학이 뒷받침하고 있는 것이다.

누구나, 어디서나 도약은 가능하다. 물론 이에 대해 회의적인 반응을 보이는 사람도 있을 것이다. 인간은 환경의 산물이기에 모든 것은 결정되어 있다고 믿는 사람도 있고, 자유의지는 존재하지 않는다는 연구도 있다. 그러나 나는 이를 받아들이지 않는다. 도약은 정도의 차이가 있을 뿐 언제든 가능하다. 아무리 재능이 부족한 사람이라도 노력하면 어느 정도의 능력 향상은 반드시 이루어낼 수 있다. 각자가 속한 자리에서 극복과 도약을 모색한다면 누구나 자신만의 부와 성공에 도달할 수 있다. 누구에게든 '더 나은 삶'은 열려 있다.

군중과 반대로 가라

행동경제학의 거장, 노벨경제학상 수상자 대니얼 카너먼Daniel Kahneman의 《생각에 관한 생각》은 우리에게 많은 시사점을 던진다. 우리는 늘 무언가를 '생각'하며 살아가지만, 그 생각을 다시 들여다보는 '생각에 관한 생각', 즉 메타인지적 성찰은 어떻게 가능할까? 인간의 인지적 편향은 어떻게 작동하며, 우리는 왜 반복해서 같은 의사 결정의 오류를 범하는가? 우리는 이러한 한계를 극복하기 위해 기존의 관점에서 벗어나 세상을 뒤집어보려는 시도를 해야 한다. 다양한 시각으로 타인의 입장에서 생각해보는 훈련도 필요하다.

이러한 노력을 지속하다 보면 깨닫게 되는 진실이 있다. 대다수의 사람들이 진정한 의미에서의 '사고'를 하려고 노력하지 않는다는 점이다. 많은 이들이 시간이 흘러도 자신의 가치관과 사고방식에 변화를 주지 않는다. 늘 동일한 관점으로 같은 생각을 반복할 뿐이다. 대부분의 사람이 10대 시절 형성된 사고의 틀에서 크게 벗어나지 못한다. 주변의 의견에 쉽게 흔들리고, 무비판적으로 정보를 수용하며, 세상을 단순히 옳고 그름의 이분법적 시각으로만 바라본다. 세상을 다각적 관점에서 조망하지 못하고 한 가지 렌즈로만 바라보고 판단하는 데 익숙하다.

많은 이들이 사고에 게을러지는 데는 본능적인 이유가 있다. 그것이 편안하고 고통스럽지 않은 길이기 때문이다. 깊이 생각하지 않고 살아가더라도 일상에 큰 문제가 생기지 않으며, 오히려 단순한 의사 결정 프레임으로 인해 빠르고 효율적으로 판단할 수 있다는 장점도 있다.

그러나 다양한 관점으로 상대방의 입장을 고려하지 못한다면, 진정한 부는 얻을 수 없다. 누구나 판매하는 상품을 똑같이 팔아서는 큰 이윤을 얻기 어려운 것과 같은 이치다. 어떤 분야에서든 상위 소수에 속하지 않으면 경제적 성공을 거두기 어렵다. 따라서 항상 차별화를 추구하는 사고방식을 가져야 한다. 끊임없이 경쟁자를 앞서갈 방법을 모색해야 하기 때문이다. 이때 남들과 동일한 방식만 답습하거나 유사한 관념에 사로잡혀 있다면, 탁월한 성과를 이루어내기 힘들 것이다. 다양한 이해관계자, 판매자와 구매자의 입장을 역지사지로 이해하고 활용하지 못한다면, 어떤 영업 기술이나 마케팅 전략도 효과를 발휘할 수 없을 것이다. 결국 부를 축적하기 위해서는 인간 심리를 깊이 이해하고 이를 효과적으로 활용할 수 있는 통찰력이 필요하다.

나는 변호사로서 다양한 협상 자리에 대리인으로 참석한다. 어떤 의뢰인은 소송을 통해 법원의 판단을 받길 원하고, 어떤 의뢰인은 적절한 시점에 타협과 조정을 통해 문제를 해결하길 원한다. 모든 상황이 원하는 방향으로 전개되지 않기에, 의뢰인의 요구와 상황에 맞춰 전략을 바꿔야 한다. 이때 역지사지의 관점, 역발상의 사고방식을 체득하지 못하면 협상과 조정에서 실패할 수밖에 없다. 협상할 때 자신의 입장이나 필요만을 앵무새처럼 반복하는 것은 실패로 향하는 지름길이다. 상대방이 미처 인식하지 못하고 있지만 매력을 느낄 만한 새로운 조건을 찾아서 제시하거나, 상대의 약점을 파악하는 일 모두, 나 중심의 시각에서 벗어나야 가능하다. 협상의 기본 원칙은 상대방의 근본적 요구를 파악하고, 표면에 드러나지 않은 숨겨진 필요를 간파하는 데 있다. 이는 단순한 일차원적 사고로는 불가능하다. 발상의 전환과 다양한 관점을 통해서 해결책을 찾을 수 있다.

선박왕 오나시스Aristotle Onassi는 이에 대해 명쾌한 문장을 남겼다. '물 위의 기름처럼 항상 세상 사람들 위에 떠 있어라.' 나는 이 말을 대중의 사고방식을 이해하면서도 그 흐름 위에 올라서서 객관적인 시각으로 상황을 조망하고, 이를 전략적으로 활용할 수 있어야 한다는 의미로 해석한다. 이 통찰은 단순히 부의 축적에 있어서뿐만 아니라 삶의 모든 영역에 적용할 수 있다. 대중의 심리나 상황에 휩쓸리는 사람은 결코 흐름을 주도할 수 없다. 갈대처럼 바람에 흔들릴 뿐이다. 그리고 이는 냉철한 판단과 객관적 분석을 불가

244

능하게 만든다.

　대중은 자신이 휩쓸린 파도의 흐름이 어디를 향하는지 깨닫지 못한다. 바다에 잠긴 사람이 수면 위 상황을 정확히 파악할 수 없는 것과 같다. 그러나 흐름을 거스르며 객관적 시각을 유지하는 이들은 새로운 기회를 포착할 가능성이 크다. (물론 기본적인 트렌드조차 이해하지 못하고 무작정 흐름에 반대하는 이들을 의미하는 것은 아니다. 그들은 필연적으로 실패를 맛볼 수밖에 없다.)

　부동산 시장에서 모두가 매도에 나설 때, 적절한 시점에 매수를 고려하는 투자자들은 성공 가능성이 높아진다. 대개 이런 사람들은 대세의 흐름에 역행하는 통찰력을 가지고 있다. 단순히 반대를 위한 반대가 아니라, 역지사지를 통해 현상을 객관적으로 분석하고 판단할 수 있는 사람만이 정확한 의사 결정을 내릴 수 있다는 것이다. 무조건적인 반대는 전혀 도움이 되지 않지만, 현상을 다양한 각도에서 바라보고 타인의 관점을 이해하려는 노력은 분명 가치가 있다.

　지인과 이런 통찰을 나눈 적이 있다. 그는 자신의 의견이 대중에게 많은 공감을 얻을수록 오히려 지금 내가 잘못된 길을 가고 있는 것은 아닌지 경계하게 된다고 말했다. 자신의 관점이 대다수와 일치한다면, 그것은 남다른 노력 없이 관성적으로 살아가고 있거나 독창적인 통찰력을 갖추지 못했다는 증거일 수 있다는 것이다. 물론 어떤 사람들과 교류하느냐에 따라 달라질 수 있는 문제이지만, 이는 분명 자신이 얼마나 남다른 사고를 하고 있는지 점검해볼 수 있는 유용한 척도가 될 수 있다. 늘 같은 생각만 반복하고 주류 미디어의 견해를 그대로 답습하고 있다면, 동일한 집단에 머물고 있거나, 새로운 사고를 위한 정보 습득이 부족하거나, 경험의 폭이 제한되어 있어서일 가능성이 크다. 넓은 시야를 확보하고 이분법적 사고에서 벗어나 다양한 관점을 갖기 위해서는 끊임없는 지적 탐구와 자기 성찰이 필요하다.

내 지인의 경우는, 의도적으로 상반된 정치적 성향을 가진 경제 잡지와 신문을 같이 읽는다. 동일한 이슈에 대해 서로 대립하는 견해를 비교 분석하는 습관을 가지고 있다. 이 같은 원칙은 독서에도 똑같이 적용된다. 이런 방식을 통해 혼자서도 다양한 관점의 내적 토론을 진행할 수 있고, 역발상과 공감 능력을 함께 키울 수 있다. 또한 시간이 지난 후 실제 결과와 비교해보며 어떤 이론의 분석과 예측이 더 정확했는지 검증하는 습관도 들였다. 그는 이러한 방법론으로 현명한 투자 판단을 이어갔고, 무언가를 결정해야 할 때마다 스스로에게 반론을 제기하며 신중하게 접근해왔다. 그리고 현재 그는 부동산 투자로 상당한 부를 이루었다.

진정한 부를 얻고 싶다면 통념을 무비판적으로 수용하기보다, 이를 전복시켜 생각해보는 훈련을 해보자. 그리고 대세에 휩쓸리는 다수의 의견을 비판적으로 검토하는 습관이 현명한 재테크 결정을 내리는 데 결정적인 도움을 줄 것이다.

인내하고 절제하라

미국의 정치인이자 '건국의 아버지' 중 한 명인 벤저민 프랭클린은, 늘 인내와 절제에 대해 강조해왔다. 17남매 중 15번째로 태어난 그는, 경제적인 어려움으로 10살 때부터 일을 시작해야 했기에 정규 교육은 2년밖에 받지 못했다. 비누와 양초를 만드는 아버지의 공장에서 일을 돕다가 12살에는 형이 운영하는 인쇄소에서 견습공으로 일했다. 그러다 18살에 영국으로 건너가 인쇄술을 배워 사업을 시작했고, 이후 외교관, 정치가, 발명가, 작가, 언론인, 사업가로서 다양한 분야에서 재능을 발휘하며 뛰어난 업적을 남겼다.

현재 그는 미국 100달러 지폐에 새겨진 인물로 잘 알려져 있다. 대통령이 아님에도 불구하고 이런 명예를 얻은 두 사람 중 한 명이다. (다른 한 명은 알렉산더 해밀턴이다.) 이는 프랭클린이 늘 말했던, '절제는 모든 성공의 기본이다'라는 신념이 미국의 경제적 성공에 중요한 가치로 인정받고 있음을 상징한다.

프랭클린은 독학으로 자신을 발전시켰다. 그는 인내와 절제를 통해 시간을 확보하고 자기 계발에 투자했다. 어떤 이들은 그의 성공이 당시 시대적 상황 덕분이었다고 폄하할지 모르나, 어느 시대든 자력으로 위대한 업적을 이루는 것은 결코 쉬운 일이 아니다. 그는 끊임없는 독서와 자기 계발, 근면한 삶의 태도로 능력을 키웠고, 이로 인해 이후 워렌 버핏의 동료였던 찰리 멍거 같은 현대의 성공한 투자자들의 존경을 받는 인물이 되었다.

내 주변의 성공한 멘토들도 한결같이 말한다. "자신을 통제할 줄 아는 사람만이 부를 이룰 수 있다"라고. 자기 관리의 핵심은 인내와 절제다. 이는 지출, 식사, 수면, 시간 관리 등 일상의 모든 영역에 적용되는 것이다.

프랭클린은 특히 '시간을 낭비하는 것은 삶을 낭비하는 것'이라고 강조했다. 시간 관리에서 가장 먼저 필요한 것은 치밀한 계획이 아니라, 인내와 절제의 태도다. 변호사로 일하며 관찰한 결과, 성공한 이들일수록 규칙적인 수면과 식사 습관을 갖추고 있으며 과도한 음주를 삼갔다. 반면, 유흥에 빠진 사람들은 장기적으로 사업에서 좋은 성과를 내지 못했다.

안타깝게도 오늘날 인내와 절제는 구시대적 가치로 여겨지는 경향이 있다. 일본의 국제정치학자 후지이 겐키는 《90%가 하류로 전락한다》에서, 자산 격차보다 더 위험한 것은 지식과 능력의 격차라고 지적한다. 근면과 절제보다 일확천금을 꿈꾸는 풍조가 확산되면서, 역설적으로 인내와 절제의 가치를 실천하는 소수가 더욱 두각을 나타내는 시대가 되었다.

인내와 절제의 미는 신체를 통해서도 드러난다. 프랭클린은 과식을 경계하고, 절제된 식사와 건강 유지, 감정 조절을 강조했다. 술을 자주 마시는 사람, 규칙적인 생활을 하지 않는 사람, 감정 조절에 실패하는 사람은 그 흔적이 얼굴과 몸에 남는다.

변호사로서 다양한 감정을 다루며 깨달은 감정 절제의 방법은 생각보다 간단하다. 화가 났을 때는 즉각 반응하지 않고 얼마간 시간을 둔다. 실망스러운 일은 누구에게나 일어나는 일임을 기억한다. 성공했을 때는 하루 정도 침묵하며 자만심을 다스린다.

시대를 불문하고 인내와 절제 없이는 위대한 업적도, 부의 성취도 불가능하다. 자기 관리의 이 핵심 태도는 평생 유지해야 할 덕목이며, 이는 신체와 정신 모두에 영향을 미친다. 충동적인 삶은 후회를, 절제된 삶은 지혜를 가져온다.

좋은 멘토가 없으면
부자가 될 수 없다

최근 《록펠러의 편지》를 흥미롭게 읽었다. 저자인 존 데이비슨 록펠러John Davison Rockefeller는 근대 자본주의의 아버지이자 석유왕으로 불리며, 인류 역사상 가장 큰 부를 거머쥐었던 인물 중 한 사람으로 평가받는다. 세계 최초의 억만장자인 그는 1870년 스탠더드 오일 컴퍼니를 설립해 석유 산업을 독점했다. 경쟁사들을 공격적으로 사들이거나 가격 경쟁으로 파산시켜 미국 석유 시장의 90%를 장악하기도 했다. 이후 '셔먼 반독점법' 등으로 인해 회사는 해체됐지만, 록펠러는 여전히 미국 경제 역사상 가장 영향력 있는 인물로 기억되고 있다.

록펠러에 대해선 다양한 평가가 있을 것이라 생각하지만, 위 책은 자신의 아들에게 보내는 36편의 편지에 아버지로서의 생각과 견해를 가감 없이 드러내고 있어 주목된다. 그의 아들은 참 운이 좋다. 가장 위대한 부의 멘토가 자신의 아버지였으니. 아버지가 자식에게 하는 말만큼 진실한 조언이 또 있을까? 자신이 쌓아올린 모든 지혜를 자식에게 고스란히 전해주고 싶은 것이 바로 부모의 마음일 테니까.

모든 성공에는 멘토가 필요하다. 사람은 교류하는 이들을 통해 자아를 발견하며, 자기 안의 가능성을 깨닫는다. 주변에 온통 희망이 없는, 성공을 믿지 않는 사람들로 둘러싸여 있다면 어떠한 목표도 달성하기 어렵다. 부를 쌓는 일도 마찬가지다. 주변에 있는 사람들이 모두 경제적 성공은 불가능하다고 말한다면, 당신 또한 당연히 부에 대한 긍정적인 관점을 갖기 어려울 것이다.

지혜로운 사람들은 타인에게 조언할 때 매우 신중하게 접근한다. 각자의 환경과 상황이 다르고, 개인이 지닌 소질과 역량도 제각각이기 때문이다. 같은 이유로 자신에게 알맞은 스승을 발견하는 일 또한 상당히 어렵다. 여기 내 경험을 바탕으로 좋은 멘토를 찾는 데 도움이 될 만한 몇 가지 기준을 공유하고자 한다.

첫째, 어떤 유형의 멘토를 원하는지 구체적으로 설정하라. 당신이 필요로 하는 이는 어떤 사람인가? 단순히 부유한 것으로 충분한가, 아니면 당신이 관심 있는 특정 분야에서 찾아야 하는가? 그게 누구든 당신보다 훨씬 성공한 사람이면서도, 그 분야에 대한 뛰어난 식견을 지닌 사람이어야 한다. 여기에 인품과 신뢰감도 중요하다. 물론 이런 조건을 갖춘 이를 찾기란 쉽지 않다. 하지만 급속한 성장을 원한다면, 이런 멘토의 조언은 필수다. 그러나 이런 멘토들은 보통 너무 바빠서 당신에게 시간을 할애해줄 가능성이 적다.

그래서 다음 단계가 중요하다.

둘째, 당신이 그들에게 제공할 수 있는 가치는 무엇인지 고민하라. 성공한 이들에게는 당신 외에도 많은 이들이 접근할 것이다. 그렇다면 그가 당신을 만나야 할 동기는 무엇일까? 당신의 차별성은 무엇인가? 만약 당신이 만나고자 청한 그 사람이, 한 시간에 최소 1백만 원의 가치를 창출할 수 있는 사람이라면, 그 이익을 포기하고 당신을 만나야 할 이유가 무엇일지 스스로 고민해보라. 당신 역시 그들에게 유익함이나 기쁨을 줄 수 있어야 한다. 그렇지 않다면 그저 선의로 만날 수 있는 연결점이나 잠재력이라도 보여야 한다.

예를 들어 당신이 명문대에 진학했다고 가정해보자. (나도 이 접근법을 활용했다.) 우수한 학교에 입학하면 선후배 관계라는 연결 고리로 인해 배움을 얻을 수 있을 만한 이에게 닿을 수 있다. 대부분의 후배들은 아직 자신에게 도움을 줄 대학 선배들에게 특별한 보상을 제공할 수 없을 것이다. 하지만 그들은 예상 외로 후배의 성장에 관심을 보이며 순수하게 도움을 주기도 한다. 최소한 가르침을 아끼지는 않는다. 나도 이런 방식으로 멘토를 찾았고, 좋은 결과를 얻었다. 졸업 후에는 나 역시 누군가 만남을 요청할 때 시간 여유가 있을 때면 흔쾌히 응해주었다. 멘토들 입장에서도 자신에게 연락해오는 사람의 성장 가능성과 자질, 태도가 마음에 들면 만나보고 싶은 마음이 들 수 있다. 학교에서 멘토를 찾는 효과적인 방법은 교내 미디어, 방송국, 동아리 활동에 참여해 선배들과 교류하고,

그들의 도움으로 더 성공한 사람들과 연결되는 방식이다.

이러한 접점이 없는 경우, 방법은 한정적이다. 스스로 열정과 우수한 자질을 갖추기 위해 노력하고, 이를 통해 연결되고자 하는 멘토에게 인상적인 결과물을 보여주거나 능력을 증명할 수 있어야 한다. 지금은 이메일로 열의와 역량을 표현하며 접촉을 시도할 수도 있는 시대다. 그러나 다시 한번 말하지만, 잠재력이 없는 사람에게 시간을 쏟을 만큼 베테랑들은 한가하지 않다는 것을 명심하라. 나 역시 현재 온라인을 통해 후배를 지도하고 있는데, 간혹 도움을 요청하려고 연락하면서도 기본적인 정성도 보이지 않고, 표현이 성의 없어 보이거나 글쓰기가 미숙한 경우도 빈번하다. '안 되면 그만'이라는 태도가 엿보이는 접근으로는 바쁜 선배들의 시선을 사로잡기 어렵다. 나에게 연락해오는 사람들 중에는 이미 상당한 능력이나 업적을 갖춘 이들도 있다. 이런 사람은 오히려 더 꼼꼼하게 자기소개를 하고 대화를 희망하는 목적도 명확히 설명한다. 이 정도의 태도와 소양도 없이 자신을 도와줄 것을 이기적으로 요구한다면, 멘토의 입장에선 그 사람을 만날 이유가 없을 것이다.

셋째, 연결된 멘토와 지속적으로 교류하며 인연을 이어가라. 만남이 이루어지면 당신이 식사비를 책임지고 정성 어린 선물을 준비해야 한다. 그들이 내어준 시간의 가치는 당신의 시간보다 훨씬 귀중함을 깨닫고, 감사의 마음을 표현해야 한다. 단 한 번의 대화로는 충분한 배움을 얻기 힘들기 때문에 지속적으로 소통하며 관계를 소중히 여기고, 항상 먼저 연락해야 한다.

나 역시 이런 방식으로 정직하게 부를 쌓은 선구자들과 만나고 교류하고 있다. 편법이나 불법이 아닌, 실력과 지속적인 발전을 통해 부를 축적한 이들과 소통하며 가치 있는 대화를 나눈다. 명심하라. 그들은 우리보다 사람을 평가하는 눈이 훨씬 예리하다. 서툰 위장, 과시, 과장은 효과가 없다. 솔직하게 소통하라. 그리고 이 모든 방법을 시도하기 전에, 먼저 끊임없이 자기 향상에 전념하라. 이것이 당신에게 맞는 멘토를 발견하는 방법이다.

현실은 냉혹하고
자본주의는 차갑다

지금 당신은 하고 싶은 일을 하며 돈을 벌고 있는가, 아니면 하기 싫은 일을 억지로 하며 돈을 벌고 있는가? 당신이 진짜 원하는 것은 부자가 되는 것인가, 아니면 적당히 일하며 만족하는 삶인가? 무엇을 선택하든, 그것이 자신의 삶의 방향과 일치하고 행복하다면 그 자체로 충분하다고 생각한다. 다만, 적어도 부자가 되려면 하고 싶은 일만 하며 안정적인 삶을 추구해서는 안 된다. 또한 대다수가 비판적으로 바라보는 사고방식, 즉 모든 것을 돈의 관점에서 평가하고 고민하는 과정이 필요하다. 세상을 냉정하게 바라보며 경쟁에서 반드시 승리하겠다는 결심이 없다면, 자본주의 사회에서 생존하는 것조차 어렵다. 나는 이를 자본주의에서 승리하기 위해 치르는 '대가'라고 표현한다.

마이클 샌델은 《정의란 무엇인가》에서 공리주의에 대한 비판적 시각을 내보인다. 공리주의는 '최대 다수의 최대 행복'을 목표로 하는 윤리 철학으로, 행동의 도덕성을 그 결과에 따라 판단하는 결과주의적 관점을 갖는다. 현대 사회에서 그 결과를 평가하는 대표적 기준은 바로 돈이다. 이후 존 스튜어트 밀John Stuart Mill은 공리주의에 '질'의 개념을 더하려 노력했다. 그는 공리를 평가할 때 단순히 양적 기준뿐만 아니라 행복과 쾌락의 질적 차이도 고려해야 한다고 주장하며 공리주의를 발전시켰다.

자본주의가 모든 것을 자본과 돈으로 평가하는 것이 과연 정의로운가?《정의란 무엇인가》에서는 폭스바겐 사례를 통해 이 문제를 조명한다. 비용-편익 분석cost-benefit analysis에 기반을 둔 공리주의적 의사 결정이 도덕적 문제를 간과할 위험이 있다는 점을 지적하며 자본주의의 한계를 보여준다.

폭스바겐 사례는, 소비자의 생명과 안전을 위협하는 제품의 결함이 발견되었을 때, 기업이 리콜을 진행하는 것과 사고로 인한 피해 보상을 하는 것 중에 어느 쪽이 더 나은 선택인지를 경제적으로 비교 분석하는 방식을 보여준다. 그리고 결국 기업은 리콜 비용과 예상 피해 보상금을 계산해 더 낮은 비용이 드는 쪽을 선택한다. 피해가 발생해 사망한 사람의 수에 1인당 배상액을 곱하면 총 피해 보상 비용이 산출된다. 이를 해당 차종의 리콜 및 수리 비용과 비교해 리콜 비용이 더 컸을 때 기업은 리콜을 포기하고, 사고가 발생했을 때 피해 보상금을 지급하는 것이 더 경제적이라고 판단할 수도 있다는 것이다.

마이클 샌델은 이러한 방식에 비판적인 견해를 갖고 있다. 현재 미국에서는 '징벌적 손해배상 제도'를 통해 기업의 인센티브 구조를 개선하도록 유도하고 있으며, 기업의 신뢰 문제가 매출과 이익에 직결된다는 인식도 확장되면서 과거의 경제적이기만 한 의사결정 방식은 점차 줄어들고 있다.

이러한 폭스바겐의 과거 사례는, 자본주의 사회에서는 인간의 가치를 평가하는 지표가 결국 돈이라는 것을 증명한다. 과연 인간의 가치를 돈으로 환산할 수 있는지에 대한 도덕적 논쟁은 차치하고, 현재 우리 사회는 실제로 이러한 사고방식을 중심으로 돌아가고 있는 것이 현실이다. 변호사로서 사망이나 장해 사건을 다루다보면, 이러한 사실을 새삼 체감하게 된다. 누군가 사망하거나 사고를 당했을 때, 법원은 그 사람이 평생 벌어들일 소득을 기준으로 가치를 산정하고(판례에서는 이를 '일실이익' 또는 '소극적 손해'라고 표현한다), 이에 따라 손해배상 금액을 결정한다.

법적으로 손해는 크게 세 가지로 구분한다. '적극적 손해'는 치료비, 향후 치료비, 장례비, 사망 시 응급실 비용 등 실제 발생한 경제적 손실을 의미한다. '소극적 손해'는 사망으로 인해 벌지 못하게 된 미래 소득을 사고 당시 기준으로 평가한 것이다. 이를 산정할 때 직업에 따라 노동 가능 연한(가동연한)을 정하는데, 일반적으로 전문직일수록 기간이 길다. 예를 들어, 변호사의 가동연한은 70세로 본 판례가 있다. 손해액은 피해자의 사고 당시 소득을 기준으로 계산된다. 위자료도 있지만 이는 큰 차이가 없기 때문에 결국 법원은 그 사람이 향후 벌어들일 소득과 직업을 중심으로 가치를 평가하게 된다. 그 사람의 가치관, 신념, 인간관계, 내면적 가치는 크게 고려되지 않는다.

이런 이야기에 반발하는 사람도 많겠지만, 세상의 많은 부분이 결국 돈으로 평가된다. 심지어 생명조차도 말이다. 그리고 냉정하지만 이러한 현실을 받아들이고 이해할 때 비로소 돈을 벌 기회가 보인다. 돈을 제대로 이해하려면 세상의 모든 것을 '돈'의 관점에서 바라보는 훈련이 필요하다. 그리고 현대 사회에서 개인의 가치는 소득과 자산을 기준으로 평가된다는 사실도 외면해서는 안 된다. 적어도 부자가 되고 싶은 사람이라면 말이다.

돈은 정이나 따뜻한 마음으로 움직이지 않는다. 길을 걷다 만나는 가게들을 보며 "저 가게의 매출과 비용은 어떨까?", "최근 유행하는 업종은 무엇일까?"와 같은 생각을 하는 습관이 필요하다. 또한 망한 가게를 보며 동정심에 젖기 보다, 실패의 이유를 분석하고 반면교사 삼을 수 있어야 한다.

이 세상에서 내 삶을 지킬 수 있는 사람은 오직 나뿐이다. 아무도 당신에게 공짜로 선의를 베풀지 않는다. 물론 세상에는 선의로 행동하는 사람도 많다. 하지만 그들이 사회의 다수는 아니다. 현실은 냉혹하고, 자본주의는 차갑다. 그리고 그 진실을 빨리 받아들일수록 생존 가능성이 높아진다.

부의 법칙은 변하지 않았다

35세 남성 A씨는 어릴 때부터 늘 쉽게 돈을 벌 수 있는 방법만 찾아다녔다. 노력 없이도 부를 얻을 수 있는 시대가 왔다고 믿었다. 누가 요즘 같은 시대에 정직하게 한 푼 두 푼 돈을 모아 나가겠는가. A씨는 그런 사람들을 우습게 여겼다. 빨리 돈 벌 수 있는 방법만 터득하면 언제든지 성공할 수 있을 거라고 확신하고 있다. 물론 이런 믿음의 근거는 SNS다. SNS에서는 '너는 방법을 몰라서 실패하고 있는 거야. 돈을 내고 내 이야기를 들으면 부자가 될 수 있어'라고 끊임없이 속삭이기 때문이다.

그는 어느 날 SNS에서 한 투자 인플루언서를 발견한다. SNS에는 그가 고급 외제차를 타고 있는 사진, 유명인들과 함께 찍은 사진, 명품 옷을 입고 거리를 활보하는 사진, 5성급 호텔의 스위트룸에서 호캉스를 즐기는 사진이 즐비하다. 당연히 진짜 부자라고 확신할 수밖에 없다. 그는 자신에게 접촉해온 A씨에게 투자 비법을 알려주겠다고 하면서 수업료를 받았다. 하루 30분만 투자하면 월 1,000만 원을 벌 수 있다고, 자기처럼만 하면 부자가 될 수 있다는 것이다.

A씨는 수업을 들으며 그가 운영하는 리딩방에도 들어갔다. 투자금을 넣으면 더 큰 수익을 올릴 수 있다고 하기에 고민 없이 투자금을 입금했다. 처음엔 계속해서 수익이 났지만, 곧 문제가 생기기 시작했다. 해당 종목은 손실이 발생하기 시작했고, 누구도 이에 대한 책임을 지려 하지 않았다. 결국 그는 20대 때 모은 돈을 모두 잃었다.

이후 A씨는 돈을 벌기 위한 다른 방법을 찾기로 한다. 투자에 대해서는 고민조차 하지 않고 SNS 속 '부의 멘토'들이 말하는 정답인, '사업'을 선택한다. 그리고 한 프랜차이즈 회사의 홍보 전단지를 보고는 바로 회사에 찾아간다. 담당 직원은 초기 자본만 조금 넣으면 안정적으로 월 매출 2천~3천만 원을 올릴 수 있다고 자신 있게 말한다. 매출과 영업이익의 차이도 구별하지 못할 정도로 사업에 문외한인 그는, 매출이 곧 수익이라고 믿고, 여기저기서 돈을 빌려 프랜차이즈 매장을 열었다.

그러나 직원의 약속과는 달리, 매출은 점차 감소하기 시작했다. 게다가 예상 매출액이 나왔을 때도 순수익은 얼마 되지 않았다. 그는 또 실패했다. 그런데도 여전히 그는 실패의 이유를 알지 못한다.

부에 관한 불변의 법칙이 하나 있다. '땀을 흘리지 않고는 돈을 벌 수 없다'는 것이다. 물론 땀은 비유적 표현이다. 모든 여정에는 노력과 희생, 고통이 따른다. 만약 땀을 흘리지 않고 많은 돈을 벌었다면 단순히 운이라고 생각해야 한다. 지속적인 성공은 어려울지 모른다.

A씨는 항상 쉽게 돈 버는 방법을 찾아다녔다. 한마디로 지름길, 편법만 찾은 것이다. 쉬운 방법으로 쌓아올린 결과는 오래가지 않는다. 한 사람이 발전하고 성장하는 데는 시간과 노력이 필요하다. A씨는 점진적인 변화가 쌓여 기적을 만든다는 사실을 간과했던 것이다. 이는 과거나 지금이나 마찬가지로 통용되는 진리다. 그런데 인간은 점진적인 과정에서는 즐거움을 느끼지 못하고, 돈이나 성공이 하늘에서 뚝 떨어지기만을 바란다. 물론 그런 일은 일어나지 않는다.

모든 여정은 고되다는 사실을 명심하라. 어떤 직업을 가져도, 그 직업군에서 뛰어나다고 인정받기 위해서는 많은 노력이 필요하다는 사실을 받아들여라. 내가 목표로 한 것에는 항상 경쟁자가 있기 마련이라는 점도 잊지 마라. 남들도 같은 목표를 추구한다. 그들도 돈을 벌고 싶고 그 분야에서 최고가 되고 싶어 한다. 사람마다 목표의 차이가 있기는 하지만, 보통은 돈, 명예, 사회적 인정을 열망한다. 그래서 추구할 만한 가치가 있는 것에는 늘 고통의 여정이 수반된다. 경쟁자를 능가해야 하고, 이후에도 계속해서 방심하지 않고 노력하고 진보해야 하기 때문이다.

사람들은 모든 일에 지름길이 있을 것이라 생각한다. 편법에 대해서도 늘 고심한다. 물론 그런 길이 전혀 없는 것은 아니다. 그러나 나는 지름길만 찾는 사람들이 제대로 된 성과를 내는 경우를 거의 보지 못했다. 지름길을 찾는 사람들의 심리에는 고통을 회피하고자 하는 본능이 내재되어 있기 때문이다.

어떤 사람은 운동을 하고 나서 생기는 근육통이 싫어서 체력을 단련하지 않는다. 그러나 근육은 과부하가 필요하다. 그래야 발달할 수 있으니 말이다. 어려운 공부나 업무를 미루는 경우도 허다하다. 모르는 것을 공부하며 느낄 좌절감과 회의감, 자신의 현재 역량을 받아들이고 싶지 않기 때문이다. 이 모든 거부와 미루기는 고통을 회피하고자 하는 방어 기제에서 비롯된다.

나도 한때 삶에 대해 부정적인 시각을 가지고, 사는 의미를 찾지 못해 방황하던 시절이 있었다. 그 긴 우울의 시기를 빠져나올 수 있었던 계기는 내가 경험하고 있는 현실에 대한 명확한 인식이었다. 고통 회피의 가장 큰 문제는 현실을 직면하지 못하게 만든다는 데 있다. 고통 없이 할 수 있는 쉬운 방법만을 찾게 만들기 때문이다. 이들은 보통 능력이나 지혜가 없음에도, 자신을 과대평가한다. 보유한 실력이 미미한데도 이를 애써 외면하고 어떻게든 부자가 될 수 있을 거라고 착각한다. 이런 생각은 단기적으로는 마음을 편하게 해줄지 모르지만, 장기적으로 보면 계속해서 새로운 도전과 경험을 피하게 만들어 인간을 병들게 하고 능력의 퇴화를 불러온다.

인간은 퇴보 아니면 발전, 이 두 가지 중 하나만을 선택할 수 있다. 나는 인간의 삶에 '현상 유지'라는 개념은 존재하지 않는다고 생각한다. 만약 자신이 현재 현상 유지는 하고 있다고 생각한다면 사실은 조용히 퇴보하고 있는 상태일지 모른다는 사실을 알아야 한다. 앞으로 나아가는 발전적 삶을 살기 위해서는, 고통은 피하고 싶다는 마음을 버려야 한다. 고통을 피하는 것이 아니라 관리하는 법을 배워야 하고, 이를 위해서는 새로운 시도가 필요하다. 이전에 경험해보지 않은 것들을 의식적으로 하나씩 배워보고 추가하는 것이다.

내가 활용하는 방식은, 1년에 적어도 3가지는 새로운 시도를 해보는 것이다. 가령 지금까지 업무에 엑셀 프로그램을 잘 사용하지 않았다면, 다음 해의 목표는 업무에 엑셀 프로그램을 활용하는 것이다. ChatGPT를 경험해보지 않았다면, 이를 이용해 업무를 해보는 것이다. 이런 식으로 작은 도전부터 시작해 불편함을 관리하고 극복하는 연습을 하다 보면 자신의 삶에 대해 자신감이 생길 것이다. 새로운 것을 계속 시도하다 보면 더 이상 낯선 것에 두려움을 느끼지 않게 되고, 점차 고통스럽지 않게 된다.

진정한 성장은 역경을 피하는 것이 아니라 그것을 극복하는 과정에서 이루어진다. 모든 여정은 원래 험난하고 도전적이다. 그리고 이러한 여정은 부를 축적하는 데 지극히 당연하고 자연스러운 것이다. 지름길을 찾지 마라. 인내의 시간을 받아들이고 난관을 헤쳐 나가라. 그럼 부와 성공이 어느새 당신의 뒤를 따르고 있을 것이다.

투자보다
생존이 먼저다

40대 초반의 남성 A씨는 과거 대기업에 다니던 시절, 투자에 눈을 떴다. 그가 투자한 몇 가지 주식 종목이 대박나면서 한순간에 일반 회사원들이 모을 수 없는 수준의 자산을 축적하게 됐다. 자력으로 큰돈을 손에 넣은 그는 자신감이 생겼다. 생각보다 돈 버는 일이 쉽다는 생각이 들었고, 더 큰 부를 얻고 싶어졌다.

언제까지 월급쟁이로 살 수는 없다고 판단했던 그는 회사를 그만두고 전업투자자의 길을 걷기로 했다. 주식과 부동산으로 거액의 수익을 올릴 수 있을 것이라 자신했다. 그는 레버리지를 활용하기 시작했다. 이전까지는 그동안 모아 둔 종잣돈으로만 투자했지만, 점차 신용대출, 마이너스 통장, 주식담보 대출, 부모님의 자금까지 빌려 투자하기 시작했다. 총 30억 원 이상을 투입한 그는 확신에 차 있었다. 투자한 자산의 가치가 상승하면 대출은 갚으면 된다. 그리고 재산은 크게 불어날 것이다.

그가 빚을 내어 투자한 자산은 정말로 급등했다. 자신의 성과에 도취된 그는 더 큰 금액으로 자본을 운용하기 시작했다. 조금만 시간이 지나면 재산은 100억 원 이상이 될 것이었다. 주식과 부동산 가치가 모두 상승했다. 그러나 빚으로 투자하는 비중이 점점 늘어나고 있었고, 그러던 와중에 갑자기 위기가 찾아왔다. 주식 시장이 폭락하면서 그의 주식은 반대 매매를 당하게 된다. 그는 처음엔 버티려고 했으나 낙폭이 커지자 그러한 변동성을 감당하기 어려워졌다. 결국 헐값에 부동산을 처분해야 했다. 이제 남은 것은 엄청난 부채뿐이다.

부자들은 늘 위험과 모험에 대해 이야기한다. 자신의 모든 것을 재투자하며 세계 최고의 거부가 된 사례도 언론과 SNS에 자주 등장한다. 어려운 상황에서 더 많은 대출을 받아 사업을 일구고 결국 성공시킨 사례도 있다. 위험을 무릅쓰지 않고는 성공할 수도, 큰 재산을 축적할 수도 없다는 것을 잘 알고 있다. 다만 나는 변호사라는 직업 특성상 이러한 과정에서 실패하는 사람들을 수없이 보게 되면서, 큰 성공을 위해서는 위험을 감수해야 한다는 의견에 조금은 다른 생각을 갖게 되었다. 나는 생존이 우선시되어야 한다고 믿는다. 실패하더라도 다시 재기할 수 있는 발판이 필요하기 때문이다.

'생존 편향Survivorship Bias'이라는 개념이 있다. 성공한 사례만 보고, 실패한 예시는 간과하는 인지 편향을 의미한다. 우리는 죽은 사람의 사례는 볼 수 없다. 사람들이 접하는 것은 내 눈으로 확인이 가능한 이들, 즉 생존해 있는 사람들의 이야기다. 그런데 우리가 살펴봐야 할 것은 죽은 이들의 이야기, 즉 지금 우리의 이야기에 대입하자면 실패 사례다. 그래야 위험을 발견하고, 이를 대비하거나 회피할 수 있으니까 말이다. 생존 편향에 대한 이야기를 조금 더 해보자. 제2차 세계대전 당시, 연합군은 전투기의 생존율을 높이기 위해서는 기체의 어느 부분을 보강해야 하는지에 대해 연구했다. 그래서 귀환한 전투기들을 관찰, 분석한 결과, 날개, 동체, 꼬리 부분에 총알구멍이 많다는 것을 발견했다. 그리고 당연히 총알구멍이 많은 곳을 보강해야 한다는 것이 연구원들의 의견이었다.

그러나 통계학자 에이브러햄 월드Abraham Wald는 이 분석이 생존 편향에 빠져 있다고 지적했다. "우리가 분석한 비행기는 살아돌아온 전투기들이다! 격추된 비행기들이 어디에 총알을 맞고 추락했는지가 더 중요하다!"라고 주장한 것이다. 그리고 이러한 논리를 바탕으로 귀환한 전투기들에게서 총알구멍이 많이 발견된 날개나 동체가 오히려 치명적인 부분이 아니라는 결론에 이르게 되었다. 반면 피탄되지 않았던 부분인 엔진, 조종석, 연료탱크와 같은 부위가 전투기의 생존율을 높일 수 있는 중요 부분일 것이라는 결론에 이르렀다. 연구팀은 새로운 결론에 따라 귀환 전투기들에게서 총알구멍이 발견되지 않은 엔진과 조종석의 내구력을 보강하기로 결정했다. 그리고 결국 이 전략은 성공을 거둬 전장에 나간 전투기의 생존율을 크게 향상시켰다.

우리는 보통 온라인 커뮤니티, SNS, 책을 통해 성공한 사람들의 사례만 접하게 된다. 그 어떤 누구도 실패한 이의 삶에는 관심이 없기 때문이다. 그러나 나는 항상 실패한 예시에서 교훈을 얻으려 노력한다. 물론 성공한 이들에게 배울 점이 많은 것은 분명한 사실이고, 나 또한 그들을 통해 배우기 위해 노력하지만, 이는 분명 편향된 관점을 갖게 만든다. 성공은 쉽고 실패는 드문 것처럼 착각해 잘못된 의사 결정을 내리게 만들기도 한다. 현실에는 성공보다 실패가 훨씬 더 많은 법이다. 변호사는 성공한 사람과 실패한 사람, 양측을 고루 만나게 되는 직종이다. 많은 이들이 실패 후에 가정의 붕괴, 이혼, 자녀들이 빚에 시달리는 상황, 채권자들의 협박, 형사 고소를 당한다. 심지어 자살을 한 사례를 목격하기도 한다.

그리고 얻은 결론은, 부를 얻기 위해서는 분명 모험을 하고 위험을 감수해야 하지만, 그때라도 반드시 자신의 삶을 다시 시작할 수 있는 수준의 자금, 즉 '경제적 에어백'은 준비해두어야 한다는 것이다. 그렇기에 나는 평소에 만일을 대비한 어느 정도의 재정적 여유를 남겨두는 것을 중요하게 생각한다.

부자가 되고 싶다면 가장 먼저 '생존'을 중요하게 생각하라. 돈을 버는 능력보다 중요한 것은 경제적 위기에서도 살아남는 힘, 즉 버티는 역량이다. 살아남기만 하면 기회는 반드시 다시 온다. 다른 경쟁자들이 경제 위기 속에서 추락할 때, 누군가는 새로운 가능성을 얻는다. 그러나 무리한 욕심과 잘못된 선택으로 생존 자체를 위협받게 된다면, 부를 쌓을 기회는 영영 오지 않게 될 것이다.

프랑스 철학자 앙리 베르그송Henri Bergson은 저서인 《창조적 진화》에서 생명과 진화, 창조성의 개념을 독창적으로 설명하고 있다. 그는 생존이 단순한 적응의 문제가 아니라, 창조적인 변화를 통해 이루어지는 과정이라고 말한다. 생존 그 자체가 변화이자 혁신이 된다는 것이다. 생존하기 위해 우리는 문명을 창조했고, 환경을 변화시켰다. 그리고 도구를 만들고 지식을 축적했으며 늘 창의적인 해결책을 찾아냈다. 생존할 수만 있다면, 우리에게는 얼마든지 창조적인 방식, 새로운 방법으로 발전할 기회가 있다. 회사든 개인이든 진정한 생존을 고민하다 보면 반드시 새로운 길이 열릴 것이라고 생각한다.

과거의 나는 하루하루 버티며 살아갔다. 하지만 단순히 연명하는 것이 아닌 창조적인 방식의 생존을 모색했다. 가난에서 벗어나고 싶었기에 그저 빈곤 속에서 살아내는 방식을 택하기보다, 가난 자체에서 벗어나기 위한 방법을 고민해야 했다. 이것이 나에게는 창의적인 탈출구를 찾는 과정이었다.

안전한 삶을 살라는 것이 아니다. 최소한의 안전장치를 마련하라는 것이다. 우리는 늘 교통사고의 위험성을 감수하면서 자동차를 타고 다닌다. 이때 안전벨트를 매면 사고가 나더라도 사망률은 낮아질 것이다. 진정한 부의 비결은 무모한 도전이 아닌 지속 가능한 생존에 있다. 폭풍 속에서 쓰러지지 않고 버티는 나무만이 결국 가장 큰 숲을 이룬다.

스스로를 가난하게 만드는
고정관념에서 벗어나라

A씨는 소위 말하는 월급 루팡이다. 그런데도 늘 월급이 너무 적다고 생각한다. 하는 일은 너무 많은데 제대로 보상받지 못하고 있다고 느낀다. 어떤 일을 맡든 대충대충 처리한다. 결과물도 남들이 보기엔 별 볼 일 없고 기준에 한참 미달된다. 하지만 본인은 만족하고 있다. 설사 질이 좀 떨어진다 하더라도 급여를 받은 만큼은 일했다고 믿는다.

그는 늘 일을 덜 하려고 애쓴다. '노동으로부터의 도피'가 그의 과제다. 이 모든 것은 사장의 탓이다. 자신의 가치를 알아주지 않고 제대로 대우해주지도 않기 때문이다. 이런 경영자 밑에서 열심히 일할 필요는 없다. 복수를 해주자. 사장은 나의 역량에 대해 깨달아야 한다. 그렇지 않다면 그냥 적당히 월급을 받으면서 대충 일하면 그만인 것이다.

스스로를 가난하게 만드는 고정관념 중 하나가 바로 세상이 먼저 자기를 알아봐 주어야 한다는 생각이다. 보상을 먼저 해주어야 열심히 일할 것이라는 사고방식이다. 지금 재직 중인 회사가 먼저 자신에게 충분한 대우를 해줘야 열심히 일하겠다고 다짐하는 상황이 대표적이다. 그러나 이는 전형적으로 빈곤해지는 사고방식이다. 세상은 내가 먼저 그 가치를 보여줄 때 반응한다. 그것도 즉시 응답하는 것이 아닌, 꽤 많은 시간이 지난 후에 말이다. 내가 유튜브에 영상을 올리는 것도, 책을 집필하는 것도, 내가 지닌 가치를 적극적으로 세상에 증명하는 작업이다. 세상이 인정해주면 그때서야 노력하겠다는 마인드로는 영원히 빈곤에서 벗어날 수 없다.

우치다 타츠루의 《하류지향》에서는 일본의 학생과 청년들이 공부와 노동으로부터 도피하고 있는 현실을 보여준다. 이 책에 따르면, 오늘날 일본의 많은 학생들이 배움의 과정을 '내가 돈을 냈으니 나에게 맞는 교육을 제공해야 한다'는 식으로 생각하고 있다. 즉, 학생으로서 스승에게 열심히 배우려는 것이 아니라, 마치 상품을 구매하듯 교육 서비스를 소비하는 태도를 보인다는 것이다. 교육이 이렇게 소비 활동으로 전락하면 진정한 의미의 학습은 불가능해진다. 학생들은 어렵거나 불편한 지식은 피하고 자신에게 편하고 쉬운 내용만 골라 받아들이게 된다.

책에서는 일본의 청년들 사이에서도 이러한 사고방식이 팽배해, 마치 노동을 소비 활동처럼 생각하는 문화가 자리하고 있다고 밝힌다. 구매자가 금전을 지불하고 받는 상품처럼, 근로도 즉시 그 교환 가치가 생성되고 지급되어야 한다고 믿는다는 것이다. 자신이

270

헌신한 만큼 즉시 보상을 받지 못하면 더 이상의 노력을 기울이지 않으며, 먼저 공헌하고 추후에 그 대가가 지급되는 일에 대해서는 전혀 힘을 쏟지 않는다고 전한다. 저자는 이런 현상을 '소비행동의 무시간성이 교육과 일의 영역으로 확장된 것'이라고 설명한다. 쉽게 말해, 소비는 돈을 지불하면 즉시 상품을 받는 '즉각적인 행위'인데, 요즘 젊은이들은 교육이나 일에서도 이러한 즉각적인 보상을 기대한다는 것이다. 시간을 들여 꾸준히 노력해야 하는 교육과 직업의 본질을 무시하고, 마치 상품을 구매하듯 즉각적인 결과와 보상만을 원한다는 의미다.

사실 이것은 일본 청년들만의 문제는 아니다. 이러한 사고방식은 가난한 자들의 전형적인 특징이자 선입견이기도 하다. 빈곤할수록 보상의 즉시성에 집착한다. 학업에도 관심이 없다. 교육이야말로 장기간의 투자를 통해 비로소 성과가 나타나는 대표적인 행위이기 때문이다. 보통의 가난한 가정에서는 자녀가 학교를 졸업하면 바로 취업해 가정 경제에 도움이 되기를 바란다. 독서도 마찬가지다. 책을 읽는다고 하루아침에 두뇌가 발달하고 지식이 스펀지처럼 흡수되지는 않는다. 운동은 어떠한가. 하루 운동하고 근육질 체형이 되기를 바라는 것이 상식적인 생각일까? 같은 논리로, 재화, 즐거움, 명예, 위신 등이 노동과 즉시 교환된다는 확증이 있어야만 일을 하겠다는 사고는 어떠한가.

가난을 부르는 사고방식 중 또 다른 하나는 양에만 집착하고 질에는 관심이 없다는 것이다. 이런 사람들은 자기 노동의 가치를 산정할 때 성과의 질이 아닌 자신이 투입한 시간의 양에 주목한다. '최저시급식' 사고에 익숙한 것이다. 약간 의아하게 생각할 사람도 있을 것이다. 누구나 일을 했다면 당연히 적어도 최저시급 수준의 대가는 받아야 한다고 생각할 테니까. 물론 최저임금법에서 규정한 바도 그렇다. 일을 시키고 최저시급의 대가를 지급하지 않으면 안 되며, 급여 미지급 시 임금체불로 처벌을 받는다. 다만 근로한 '시간'만큼 보상받아야 한다는 사고로는 성공하기 어렵다는 것을 알아야 한다. 그런 사람의 관심사는 항상 성과의 질이 아니라, 그저 시간을 때우는 것이 될 가능성이 높기 때문이다.

직업을 구할 때는 짧은 시간에 많은 일을 할수록 더 큰 보상을 받을 수 있는 직종을 선택하는 것이 좋다. 자신이 일을 더 효율적으로 해낼수록 더 많은 대가가 지급될 테니 말이다. 어떻게 업무를 수행하든 그 보상이 정해져 있거나, 근무한 시간을 기준으로 급료를 산정하는 직장에서는 성장하는 데 한계가 있는 것은 물론, 그 사람이 벌 수 있는 돈도 한계가 있다.

세상이 원하는 것은 일의 질과 수준이다. 그 과업에 얼마나 많은 시간을 투입했는지는 전혀 중요하지 않다. 이는 '과정과 태도가 중요한가, 아니면 결과가 중요한가'라는 오래된 논쟁과 맞닿아 있다. 어떤 사람이 아무리 열심히 노력했다고 자부해도, 그것이 반드시 우수한 결과로 이어지리라는 보장은 없다. 시간과 정성을 들였다는 사실만으로는 훌륭한 성과를 얻을 수 없는 것이 현실이다. 차라리 일을 대충 하는 것처럼 보여도 성과물이 훌륭하다면 인정받을 수 있다. 그러니 성공하고 싶다면 결국 결과물을 우수하게 만들겠다는 굳은 각오가 있어야 한다. '내가 열심히 하고 최선을 다했으면 그것으로 됐다'는 가치는 그저 자신을 위한 것이다.

세상에서 인정받기 위해서는 내가 먼저 공헌하고 성과물을 내야 한다는 사실을 잊지 말자. 세상이 원하는 태도로 직무를 수행하라. 단순히 시간을 때우는 것이 아니라 진정으로 타인에게 인정받을 만한 결과물을 내기 위해 노력하라. 그러면 언젠가 반드시 보상이 따를 것이다.

더 벌고 덜 써라

A씨는 20대 후반의 여성이다. 어려운 집안에서 자랐음에도 작은 돈을 소중히 여기지 않는다. 천 원, 만 원의 가치를 알지 못하고 대중교통을 이용할 수 있는 곳이나 짧은 거리도 늘 택시를 타고 다닌다. 회사도 지하철역에서 불과 500미터 거리에 있지만, 그녀는 매일 지하철역에서 회사까지 택시를 타고 간다. 그마저도 항상 출근 시간에 간신히 맞춰 도착한다.

그녀는 언제나 핸드폰으로 소액결제를 하곤 했다. 매번 큰돈은 아니었다. 천 원에서 만 원 정도 되는 금액의 액세서리, 소품을 자주 구매했다. 또한 각종 구독 서비스를 이용하면서 많은 지출을 하고 있었는데, 매달 자동적으로 빠져나가는 금액이다 보니 크게 신경 쓰지 않았고, 이러한 소비에 대해서 거리낌도 없었다. 힘들게 일하면서 기껏해야 몇 천원, 몇 만 원 쓰는 게 뭐가 문제냐고 생각했다. 이런 작은 지출이 삶에 큰 영향을 줄 것이라고 생각하지 않았다.

그러나 이상하게도 그녀는 전혀 돈을 모으지 못했다. 크게 목돈이 나가는 일도 없는데 왜 남는 자금이 없는지 스스로도 의아했다. 부모님의 집에서 살고 있기 때문에 주거비, 관리비, 생활비, 식비 등의 지출도 없는데 말이다.

그녀가 내린 결론은 바로 '적은 소득'이었다. 자신의 능력이 부족해서 돈을 많이 벌지 못하기 때문에 저축을 하지 못한다고 생각하게 된 것이다. 그러나 당장 회사를 옮길 역량이 없으니 한동안 돈을 모으지는 못할 것이라는 판단이었다. 자산을 축적하지 못하는 핑계가 생긴 것이다.

A씨 같이 생각하는 사람들은 의외로 많다. '티끌 모아 티끌'이라는 냉소적인 말이 유행처럼 퍼지기도 했다. 자신이 부를 쌓을 수 없는 원인은 수입이 적기 때문이라는 생각을 하는 사람들이 점점 많아지고 있다. 물론 소득이 높을수록 훨씬 더 빠르게 재산을 축적할 수 있는 것은 사실이다. 그래서 수입을 늘리려는 노력은 지속되어야 한다. 하지만 지금까지 돈을 모으지 못하고 있는 이유는 바로 당신의 소비 습관에 있다. 미처 인지하지 못하고 있지만, 당신은 많은 돈을 쓰고 있다. 각각의 소비에 지출되는 금액이 적을 뿐이다. 그러나 그 횟수가 늘어나면 결과적으로는 상당한 돈을 지출하게 된다.

내가 20대 초반 때의 일이다. 돈 없던 시절, 편의점에서 물건을 결제하기 위해 계산대 앞에서 대기하고 있었다. 현금으로 계산했는데 잔돈 100원이 남았다. 그러나 나는 편의점 직원이 거슬러주는 그 돈을 받지 않았다. 갑자기 동전 하나를 챙기는 것이 귀찮게 느껴졌던 것이다. "괜찮습니다"라고 말하고 가게를 나왔다. 그때 내 뒤에서 순서를 기다리던 노인이 그 100원을 집어 들고는 나를 쫓아와 "100원 놓고 갔어"라고 말하며 나에게 건네주었다. 순간, 정신이 번쩍 들었다. 내가 뭐라고, 고작 귀찮다는 이유로 돈을 받지 않는다는 말인가. 작은 금액이라도 엄연히 소중한 재화인데, 그것을 가치 있게 여겨야 금전도 나를 소중히 여기지 않을까 하는 생각이 들었다. 물론 이 생각이 논리적이지는 않다. 그러나 내 주변의 부자들은 '돈을 사람처럼 대하라'고 입을 모아 말한다. 그날 이후, 나는 돈을 더 정중히 대하게 되었다. 작은 금액에도 고마움을 느끼고, 돈이 나를 신뢰할 수 있는 사람이라 생각하게끔 살고자 했다.

이혼, 파산, 회생 관련 상담이나 소송을 진행하다 보면, 그들의 카드 내역서, 계좌 이체 내역, 핸드폰 소액결제 내용 등을 보게 될 때가 많다. 지출 형태를 분석하다 보면 공통점을 발견하게 된다. 자잘한 지출이 많을수록 축적한 자산이 적다는 것이다. 작은 소비가 많을수록 카드 사용내역서는 길어지고, 변호사가 검토할 분량이 많아진다. 재산이 많은 사람은 카드 지출 내역도 깔끔한 경우가 많다. 필요에 따라 큰돈이 지출되는 경우는 있지만, 소소한 소비는 크게 보이지 않는다. 비교해보면 오히려 잦은 소액 지출은 자산이 없는 사람들이 더 많이 한다.

이런 현상에는 여러 가지 요인이 있다. 우선 눈에 잘 띄지 않는 지출이기에 미처 신경 쓰지 못한다는 것이 가장 흔한 이유다. 그러나 작은 액수도 연 단위로 환산해보면 매우 큰 금액이 된다. 특히

276

OTT 구독 서비스의 경우에는 1년 단위가 아닌 10년 단위로 계산해보면 생각보다 금액이 크다는 것을 알 수 있다. 왜 많은 기업들이 구독 서비스를 통해 운영되고 있는지를 이해할 수 있게 된다. 기업 입장에서는 수익을 올리는 것이지만, 소비자의 관점에서는 자신의 돈을 소비하고 빼앗기는 것이 된다.

또한 작은 돈을 자주 쓰는 것은 습관이 된다. 액수가 아닌 소비 행동 자체를 여러 차례 반복하는 것이 문제가 되는 것이다. 일단 소비하는 습관이 생기면 부를 축적하기는 매우 어려워진다. 소비를 할 때 느끼는 감정, 충동을 억제하기가 어려워지면서 점점 큰 지출을 하게 되기 때문이다. 처음에는 '소확행'으로 만족하면서 "이 정도는 별 것 아니야"라고 여기는 금액에서 시작하지만, 점차 더 자주, 더 크게 소비할 가능성이 생긴다. 시간이 지날수록 같은 금액으로는 이전과 같은 만족감을 누리지 못하게 되기 때문이다.

돈을 더 많이 버는 일은 아주 중요하지만, 결과적으로 지출을 통제하지 못하면 재산을 쌓을 수 없다. 나는 월 1,000만 원 이상의 소득을 올리면서도 자산을 축적하지 못하는 지인들을 꽤 많이 알고 있다. 자신의 수입에 도취되어 평생 지금과 같은 소득을 올릴 것이라 생각하며 점점 소비를 늘리기 때문인 경우도 있고, 이미 이전부터 소득의 80~90%를 지출하는 것이 습관화되어 있기 때문인 경우도 있다. 이들은 돈을 많이 벌어도 자산을 모을 수 없다. 수입이 늘어도 이에 비례해 소비도 늘어날 것이기 때문이다.

'티끌 모아 태산'이라는 말을 믿지 못한다면 부자가 될 가능성은 희박하다. 부를 이루어낸 사람 중 작은 돈의 가치를 모르는 이는 없다. 그렇다면 작은 소비를 어떻게 통제해야 할까?

편하게 소비하는 모든 수단을 통제하거나 없애버려라. 가장 대표적인 것이 신용카드, 핸드폰 소액결제, ○○페이 등 간편 결제 수단이다. 하루에 정해진 현금만 들고 다녀라. 지갑에 하루 1만 원씩 지폐를 넣고 그 이상은 지출하지 않는 것, 가령 점심 비용은 사전에 이체한 통장에서만 결제하고, 용돈은 현금으로만 소비하면 자잘한 지출을 막을 수 있다. 자신의 의지를 믿어서는 안 된다. 돈을 쓸 수 없는 환경을 만드는 것이 더 중요하다.

어느 날 아는 지인이 소비 습관을 고쳐달라고 찾아온 적이 있다. 나는 그에게 그 자리에서 각종 신용카드를 잘라버리고, 핸드폰 소액결제 한도를 극단적으로 낮추고, ○○페이 등 간편 결제 시스템을 모두 삭제하라고 말했다. 그리고 계좌도 단순화하고, 용도별로 분류한 후 체크카드만 사용하거나 위와 같이 매일 소액의 현금만 가지고 다니도록 했다. 그는 현재 소득의 50%를 저축하며 더 나은 미래를 꿈꾸고 있다.

수많은 자수성가한 부자들이 돈을 소중히 여긴다. 부를 축적하는 기간에는 작은 소비라도 경계하고 의미 있는 지출만 하려고 노력한다. 당신도 이 단순하지만 강력한 원칙을 실천한다면, 오늘의 작은 절제가 내일의 큰 부로 이어질 것이다. 티끌을 소중히 여기는 지혜로운 선택이 결국 당신의 인생을 바꾸는 태산이 되어 돌아올 것임을 기억하라.

소비는 시간을
버리는 일이다

소비란 당신의 시간을 물품으로 맞바꾸는 행위다. 물론 이미 충분한 부를 가지고 있어서 가만히 있어도 돈이 스스로 돈을 벌어들이는 상황이라면 문제가 되지 않는다. 시간은 복리 효과로 자산을 증식하고 있는 부자들의 것이기 때문이다. 그러나 아직 그 정도의 재산을 축적한 사람이 아니라면, 돈을 쓰는 것은 사실 그 돈을 버는 데 사용한 시간을 쓰는 것이라고 생각해야 한다. 돈은 시간이다. 시간은 곧 돈이다. 가령 월급 500만 원을 벌고 있는 사람이 50만 원을 썼다면, 자신의 한 달 중 3일을 소비한 셈이다. 그러나 자산이 쌓여서 이자로만 500만 원을 벌고 있는 사람이라면, 나중에 그는 자신의 시간을 팔지 않고도 살아갈 수 있다. 그래서 부를 축적하기 전까지의 소비는 시간을 길에 버리는 행위임을 자각해야 한다. 부자들은 이미 이러한 사실을 너무나 잘 알고 있다.

엠제이 드마코는《부의 추월차선》에서 천천히 돈을 모아 노년에 부를 얻는 방식에 대해 회의적인 입장을 밝히고 있다. 책에서는 이를 '부의 서행차선'이라고 부른다. 나이를 먹어 재산을 축적해봤자 이를 활용할 수 없으니 무슨 의미가 있느냐는 주장이다. 물론 현실에서는 이런 부의 서행차선조차 타지 못하는 사람들이 더 많지만 말이다. 나는 저자의 생각에 전적으로 동의하지는 않는다. 부의 서행차선은 전혀 문제될 것이 없다는 생각을 갖고 있다. 단, 그가 말하는 '시간의 가치'에 대해서는 주목할 필요가 있다.

최근 젊은 세대의 행동 및 소비 패턴을 보면 시간을 너무나 가볍게 여기는 것 같다. 자신이 돈을 벌어 힘들게 저축한 1,000만 원을 일주일의 해외여행으로 모두 써버리는 20대의 이야기도 자주 접하게 된다. 이를 두고 '나만 좋으면 된 것 아니냐', '나에게는 의미 있는 경험이었다'라고 말한다면 반박할 수는 없을 것이다. 다만 돈은 곧 시간이고, 그 '시간의 가치'를 너무 소홀히 대하고 있지는 않은지 고민해볼 필요는 있다.

성공하고 싶은 사람이라면, 부자를 목표로 하는 사람이라면, 20대를 준비 기간으로 삼아야 한다. 많은 젊은이들이 이 시기를 유흥과 여가로 흘려보내고 있다. 이에 대한 문제의식조차 잃어버렸다. 대부분의 젊은이들이 그렇게 행동하고 있기 때문이다.

청년 시기의 귀중한 시간을 생산에 활용하는 것이 아닌 소비에 투자해서는 안 된다. 일정 수준 이상의 자산을 쌓는 시기를 앞당길수록 당신이 인생에서 의미 있게 보낼 수 있는 시간은 더 늘어난다. 시간을 소비하면서 물건을 사고, 생존을 고민하지 않아도 될 시기 또한 더 빠르게 찾아온다. 그러니 소비는 곧 경험이고, 그를 통해 창조적 활동을 할 수 있다는 주장은 이제 그만하라. 소비는 소비일 뿐이다. 소비는 시간을 버리는 행위다.

대부분의 소비는 타인의 인정과 관련되어 있다. 20세기의 사상가인 소스타인 베블런Thorstein Veblen은 《유한계급론》에서, 이미 20세기 초반에 '과시적 소비', '과시적 여가'에 대해 언급한 바 있다. 그는 소비는 실질적인 가치를 위한 것이 아니고, 대부분은 사회적으로 비춰지는 상징으로서 의미를 지닌다고 역설한다. 여가도 단순한 휴식의 의미나 놀이가 아니라, 이를 어떻게 표현하느냐가 사회적 지위와 개인의 정체성과 연관되어 있다고 해석하고 있다. 개인은 효율적인 소비를 하고 싶다고 마음먹어도, 주변의 문화나 타인의 시선으로 인해 비합리적인 지출을 하게 되고, 이러한 소비에 다시 명분을 부여해 합리화하는 악순환이 반복된다는 것이다. 그리고 대다수가 이 악순환의 희생양이 된다. 이것이 '악순환'이라는 인식을 빨리 할수록 자본주의의 승자가 될 가능성이 높아지는 이유다.

시간을 소비하는 것은 나를 소모하는 일임을 외면해서는 안된다. 헛된 소비 활동은 자유를 맞바꾸는 행위다. 시간은 곧 자유라는 개념도 늘 함께 고려해야 한다. 오늘 사용한 1,000만 원은 미래에 복리 효과로 더 큰 금액이 될 가능성이 높다. 오늘 쓴 금액만큼 나이가 들어서도 일을 해야 한다. 나의 삶에서는 자유가 가장 소중하다. 내가 하고 싶은 것을 할 때 희생되는 것이 없었으면 좋겠다. 그렇기에 오히려 젊은 시절에는 절제하면서 소비보다 생산에 매진하려 노력해야 한다. 그리고 늘 소비자의 입장이 아닌 생산자의 관점에서 세상을 바라보아야 한다. 소비에 골몰하고 있는 것은 결국 미래의 자유를 저당 잡히는 것과 같은 행위이며, 소비자가 아닌 생산자의 관점으로부터 더욱더 멀어지게 되는 일이다.

소비에 집중할 때의 또 다른 단점은 잠재적 기회를 상실하게 된다는 것이다. 소비를 하느라 고민하는 데도 많은 에너지가 필요하다. 무의식적으로 짧은 동영상 콘텐츠를 보면서 자연스럽게 소비를 '유도'당한다. 인플루언서들은 생산자다. 이들은 수익을 얻기 위해 영상 콘텐츠를 올린다. 사실 나 또한 마찬가지다. 재정적 이득을 얻기 위해 책을 집필하고, 수입을 창출하기 위해 유튜버로 활동하고, 변호사로 일한다. 소비자의 입장에서는 계속해서 자신의 시간을 소모하고 있는 것이고, 콘텐츠 생산자는 부로 환산되는 시간을 얻고 있는 셈이다. 물론 제대로 된 정보를 전하며 돈을 버느냐, 그저 달콤하고 실속 없는 말로 수익을 얻느냐의 차이는 있겠지만 말이다.

만약 소비를 위해 사용하고 있는 시간에 생산적인 활동, 학습, 독서, 봉사, 체험, 새로운 사람을 만난다면 어떨까. 그 시간에 새로운 기회와 경험이 생길 것이다. 당신이 진정으로 부를 원한다면 그 시간에 사업을 구상하고 실행해야 한다. 아니면 현재 몸담고 있는 분야에 대한 심도 있는 고민과 업무 개선이 필요하다. 자신의 소비를 위한 것이 아닌, 소비하는 사람들을 분석하는 데 시간을 투자해야 한다. 그리고 이를 시도하고 행동으로 옮겨야 한다. 소비에 골몰

하며 고민하는 에너지를 자기 발전을 위해 쏟는다면 정말 많은 것을 이룰 수 있다.

직업에 대해 고민이 많고 계속해서 실패하던 지인이 있었다. 그는 끊임없이 돈을 벌고 싶다고 이야기하면서도 일이나 업무에 완전히 몰입하지 못했다. 각종 콘텐츠에 이리저리 흔들리고, 리프레시를 한다며 소비나 여행 등을 계획하곤 했는데, 변화를 원했던 그에게 내가 제안했던 것은 '3년 동안, 소비, 여행, 여가 등을 생각하지 말고, 휴일 없이 현재 하고 있는 일에 집중해서 자기 분야에서 도사가 되거나, 사업을 기획해서 시도해보라'는 것이었다. 이러한 노력이 그의 인생을 변화시킬 것이라고 말이다. 그는 늦게까지 회사에 남아 자신의 부족한 점을 개선하려 노력하기 시작했다. 컴퓨터 프로그램 사용부터 외국어 공부까지 3년 내내 역량을 향상시키려고 최선을 다했다. 회사에 가장 일찍 출근해서 가장 늦게 퇴근하는 사람으로 알려지기 시작했고, 이 이야기는 사장에게까지 전해졌다. 그리고 사장이 그의 능력을 인식하기 시작하면서 결국 승진, 연봉 인상이라는 달콤한 결과를 가져다주었다. 그는 이후 더 큰 외국계 기업으로 이직해 현재는 연봉 1억을 받는 샐러리맨이 되었다. 그의 성장은 절대 우연이 아니다. 소비의 즐거움과 여가의 유혹을 뿌리치고, 자신의 미래를 위한 투자에 헌신한 결과다. 그의 이야기는 우리에게 명확한 진리를 상기시킨다. 지금 당신의 시간을 어디에 투자할 것인지가 당신의 미래를 결정할 것이다.

인생의 목적은
행복이 아니다

행복에 대한 정의는 상대적이다. 쾌락주의로 유명한 고대 그리스 철학자인 에피쿠로스는 행복을, '쾌락을 최대화하고 고통을 최소화하는 것'이라고 규정했다.

과연 행복이란 무엇일까. 사전적 정의는 '일상에서 만족해하며 즐겁고 흐뭇하게 느끼는 감정이나 상태'다. 그래서 우리는 흔히 행복을 '긍정적인 감정 상태', '기분 좋은 순간'으로 정의하곤 한다. 하지만, 문제는 행복은 대체로 외부적인 자극에 의존하고, 순간적인 경험에 기반한 것일 때가 많다는 사실이다. 사람들이 즐겁고 흐뭇한 상황은 장기적이기보다 일시적인 경우가 많다. 이러한 현상을 설명하는 심리학과 뇌과학 개념이 있다.

'쾌락적응Hedonic Adaptation' 혹은 '쾌락의 러닝머신Hedonic Treadmill'이라 불리는 이 개념은, 필립 브릭맨과 도널드 T. 캠벨이 1971년에 논문 〈쾌락 상대주의와 좋은 사회 계획〉(1971)에서 처음으로 언급했다. 쾌락적응이란, 사람이 특정 사건으로 인해 쾌락 또는 행복을 느낀다고 하더라도 시간이 지남에 따라 그 행복의 수준이 감소하고 본래 상태로 돌아가는 현상을 말한다. 위 논문에서는 이를 '심리적 기준선으로의 회귀'라고 표현했다. 인간의 뇌가 새로운 자극에 익숙해지면 빠르게 본래의 심리적 기준선 상태로 회귀하며, 이는 행복, 쾌락뿐만 아니라 슬픔 등 인간의 감정 상태에도 적용되는 보편적인 개념이다. 예를 들어 인생에서 처음으로 고급 외제차를 구매했다고 생각해보자. 정말 행복할 것이다. 첫 집을 구매했을 때도 그 순간 너무나 행복할 것이다. 그러나 점차 시간이 지남에 따라 같은 수준의 행복도를 유지할 수는 없다는 것을 깨닫게 될 것이다. 고급 외제차나 집이 당연해지기 때문이다. 반대로 소중한 이를 잃은 슬픔 또한 시간이 지날수록 옅어질 가능성이 높다. 이러한 기제가 없었다면 인간은 생존이 불가능했을 것이다. 슬픔을 극복하기 어려웠을 테니까. 인간의 생존에는 이러한 부정적인 감정에 대한 적응 반응이 매우 유용하지만, 안타깝게도 이것은 행복과 같은 긍정적인 감정에도 적용된다. 그래서 인간은 끊임없이 행복을 추구하지만, 같은 방식으로는 영원한 행복에 도달할 수 없다.

기업은 사람들이 물질적 풍요와 소비를 통해 단기적인 행복을 추구하도록 유도한다. 최근에는 도파민에 따른 기전으로 설명하는 경우도 있지만, 어떠한 개념이든 그 본질은 같다. 사업가는 돈을 벌기 위해 사람들의 단기적인 행복 추구의 욕구를 자극하는 쪽으로 사고해야 하고, 소비자라면 단기적인 소비 및 행복 추구 유도에 영향받지 않으려 노력해야 한다. 그리고 부자가 되기 위해서는 이 두 가지 심리 모두를 이해해야 한다.

의식주와 관련된 기본적인 소비를 제외한다면, 인간의 소비는 사회적 인정, 개인적 효용 증가를 통한 행복 추구에 그 목적이 있다. 현재 한국에서 기본적인 생존조차 어려운 절대적 빈곤 수준의 상황에 처해 있는 사람은 많이 줄었기에 대부분의 소비는 행복 추구에 목적이 있을 것이다.

따라서 부를 축적하기 위해선 먼저 자신의 행복에 대한 개념 정립이 필요하다. 부에 대한 이야기를 하면서 행복을 거론하게 된 것도 이 때문이다. 나는 일시적으로 느끼고 사라지는 것을 추구하기보다 오랜 시간 추구할 수 있는 가치와 삶에 초점을 둔다. 행복이나 불행 자체를 지나치게 고민하면 오히려 행복과 멀어질 수 있다는 것을 경험으로 알고 있기 때문이다. 삶을 제대로 살아내는 데 집중하다 보면, 원했던 것들은 자연스레 따라온다. 모든 것이 계획대로 진행되지는 않더라도 이러한 삶의 태도는 언제나 우리를 더 나은 삶으로 이끌어준다.

삶에 대한 사랑, 일에 대한 열정은 인생을 훨씬 풍요롭게 한다. 행복을 목적으로 삼으면 행복 그 이상을 얻을 수 없고, 오히려 쾌락 적응 현상으로 인해 행복을 상실할 수도 있다. 자신의 삶을 사랑한다는 것은 단순히 기분 좋은 감정에 머무는 일이 아니다. 자기 자신을 온전히 수용하고 이해하는 깊은 태도를 의미한다. 행복이 수동적인 것이라면, 사랑은 능동적인 것이다. 삶을 사랑한다는 것은 모든 경험을 포용하는 적극적인 선택으로, 더 나은 삶의 의미와 방향성을 제시한다. 나 자신을 사랑하는 것은 이기적인 가치관으로 흐를 수 있지만, 내 삶을 사랑하는 것은 삶과 관련된 주변 모두를 소중히 여기며 내가 속한 조직과 사업을 긍정적인 관점으로 바라보는 것이다.

부와 성공을 이룬 사람들은 동기를 자신의 안에서 찾는다. 그리고 이 내재적 동기는 삶에 대한 사랑에서 시작된다. 한정된 시간을 살아가는 인간에게 삶은 단 한 번의 기회다. 성장하려면 노력해야 하고, 근면해야 하며, 모든 일에 성실히 임해야 한다. 일시적인 자극과 쾌락의 행복을 추구하기보다, 삶을 사랑하고 더 나은 삶을 추구하며 스스로에 대해 믿음을 가질 때, 소비의 유혹에서 벗어날 수 있고, 일에 몰입할 수 있다.

인생의 목적을 단순히 '행복의 극대화'로 정의하는 데는 분명한 한계가 있다. 행복은 감정이기에 흔들린다. 외부 요인에 좌우되기 쉽고, 순간에 사라지기도 한다. 그러나 자신의 삶을 사랑하고, 그 안에서 가치를 발견하고 실현해 나가는 일은 보다 근본적이고 지속적이다. 이런 삶의 태도는 내면의 성장과 자기 이해를 바탕으로, 흔들리지 않는 장기적 행복을 가능하게 한다. 삶에 대한 사랑은 자신의 자아상과 존재 의미를 끊임없이 되묻게 만든다. 그리고 그 질문이야말로 부를 포함한, 풍요롭고 의미 있는 삶으로 가는 가장 깊고 단단한 출발점이다.

에피쿠로스는 쾌락이 행복한 삶의 출발점이자 끝이라고 말해 쾌락주의자로 불렸지만, 그가 말한 쾌락은 방탕하고 육체적인 것이 아니었다. 그것은 몸의 고통이나 마음의 혼란으로부터의 자유를 의미했다. 자신의 선택과 기피의 동기를 발견하고 맑은 정신으로 삶을 제대로 헤아리고 발견하는 과정이 쾌락이라고 정의했다. 이는 현대인들이 생각하는 쾌락의 개념과는 확연히 다른 것이다. 부자든 에피쿠로스든, 이들은 삶을 진정으로 사랑하는 사람들이라는 점을 깨달아야 한다. 인생의 목적은 나의 삶을 사랑하는 것이다.

인생 컨닝페이퍼 — 마인드

1. 노력과 믿음이 부자를 만든다
- 남들과 같은 생각만 해서는 탁월한 성과를 이루어낼 수 없다.
- 대세에 휩쓸리지 말고, 다수의 의견을 비판적으로 받아들여라.
- 남들과 다른 관점으로 세상을 바라보고 기회를 포착하라.

2. 인내와 절제가 부의 기본이다
- 자신을 통제할 줄 아는 사람만이 부를 이룰 수 있다.
- 인내와 절제를 통해 시간을 확보하고 자기 계발에 투자하라.
- 지출은 물론, 식사, 수면, 시간 관리 등 일상의 모든 면에 인내와 절제를 적용하라.

3. 좋은 멘토가 당신의 성공 속도를 높인다
- 혼자서는 큰 부자가 될 수 없다. 좋은 멘토를 찾아라.
- 멘토에게 받으려고만 하지 말고 당신이 줄 수 있는 가치를 고민하라.
  도움을 받으려면 먼저 자신의 능력과 열정을 증명할 수 있어야 한다.
- 그들과 지속적으로 소통하고 관계를 유지하라.

4. 지름길은 없다는 것을 명심하라

- 부에 관한 불변의 법칙이 있다. '땀 흘리지 않고는 돈을 벌 수 없다'는 것이다.
- 부로 가는 여정은 고되다는 것을 명심하라. 어떤 직업을 가져도 뛰어나다고 인정받기 위해서는 많은 노력이 필요하다는 사실을 받아들여라.
- 남들도 같은 목표를 추구한다. 내가 목표로 한 것에는 항상 경쟁자가 있다는 것을 잊지 마라.

5. 투자보다 생존이 먼저다

- 최악의 상황을 대비한 자금을 마련하고 건드리지 마라.
- 부의 축적보다 생존을 최우선하라. 예비 자금 없이 영끌하지 마라.
- 살아 있다면 기회는 언제든 다시 온다.

6. 가난한 사고방식에서 벗어나라

- 보상을 먼저 받아야 열심히 일할 것이라는 생각은 전형적인 빈곤의 사고방식이다. 빈곤할수록 보상의 즉시성에 집착한다.
- 세상은 내가 먼저 그 가치를 보여줄 때 반응한다. 세상에서 인정받기 위해서는 내가 먼저 공헌하고 성과를 내야 한다.
- 질에는 관심 없고 양에만 집착하는 가난한 사고방식을 버려라. 세상이 원하는 것은 일의 질과 수준이다.

7. 소비는 시간을 버리는 일이다

- 작은 돈도 소중하다. 돈을 소중히 여길수록 돈도 당신을 따를 것이다.

- 돈을 더 많이 버는 것보다 지출을 통제하는 것이 우선이다.

- 소비를 통제하고 싶다면, 하루에 정해진 현금을 들고 다녀라. 간편 결제 수단을 모두 없애라. 자신의 의지를 믿지 말고 돈을 쓸 수 없는 환경을 만들어라.

8. 인생의 목적은 행복이 아니다

- 인생의 목적은 단순한 행복 추구가 아니다. 행복은 감정이다. 언제든 흔들리고 외부 요인에 좌지우지 되는 것이다.

- 자신의 삶을 사랑하고 지금 최선을 다하는 태도가 장기적 행복을 가능케 한다.

- 자기 삶의 가치를 발견하고 실현하는 것이 진정한 풍요를 가져온다

돈 문제와 죽음은 피할 수 없다

흔히 이런 말을 한다. "죽음과 세금은 피할 수 없다." 난 이 말을 조금 바꾸어 이렇게 이야기한다. "돈 문제와 죽음은 피할 수 없다."

부에 대한 긍정적인 시각은 삶에 대한 사랑에서 비롯된다. 정신적, 무형적 가치를 추구한다고 해서 부를 추구하지 말아야 할 이유는 없다. 오히려 돈은 정신적 가치를 추구하는 데 도움이 되며, 다양한 교육을 통해 성숙하고 발전적인 사고를 형성하는 데 기여한다.

인간이 발전하고 의미 있는 삶을 살기 위해서는 돈이 필요하다. 돈을 통해 우리는 더 나은 삶의 방향을 모색하고, 양질의 인간관계를 형성할 기회를 얻으며, 자신감과 안정을 찾을 수 있다. 이러한 환경이 갖춰질 때 비로소 더 높은 가치를 추구할 여유가 생긴다. 여기에는 인류에 대한 봉사와 헌신, 도전과 혁신, 타인에 대한 이해와 존중, 자아 발견과 성장이 포함된다.

경제적 여유가 없다면 타인을 돌볼 여력도 없다. 가정이 궁핍하다면 웃을 일보다 걱정거리만 늘어난다. 고지서와 독촉장이 쌓이기 시작하면 인간은 명료한 사고를 하기 어려워진다. 적은 월급으로 감당할 수 없는 빚에 시달린다면, 그것을 좋은 삶이라 할 수 있을까? '돈 없이도 행복할 수 있다'는 말은 이상에 가깝다.

재정적 여유가 없으면 가족에게 문제가 생겨도 해결할 수 없고, 진정한 자아를 발견하기도 어렵다. 궁핍할수록 순간적인 이익에 현혹될 가능성이 높아지며, 그만큼 자신의 진정한 가치와 동기를 파악하기 힘들어진다.

부는 처음엔 형체가 모호하다가 점차 구체화된다. 그리고 그 전환의 열쇠는 바로 '사고방식'이다. 소비에 대한 절제와 경제관념, 일에 대한 긍정적 태도, 성장을 향한 열린 시각, 근면과 성실, 인내, 자기 신뢰, 업무 역량 강화를 위한 노력, 인간 심리에 대한 통찰이 재산 축적을 가능케 한다. 세상은 변해도 이 원칙만은 인류 역사 이래 한 번도 변하지 않았다.

인생에 공짜는 없다. 자신의 삶이 소중하다면 부정적 현실에 체념하기보다는 개선 방안을 모색해야 한다. '돈은 중요하지 않다'는 말은 이제 그만하자. 우리 모두 알고 있지 않은가? 돈의 중요성을. 삶의 가치는 다양하지만, 어떤 가치를 추구하든 경제적 기반은 중요하다. 왜 재물과 다른 가치를 함께 추구할 수 없다고 생각하는가. 이러한 이분법적 사고는 오히려 한계를 만든다.

나는 자기 성장, 돈, 인간관계를 모두 중요하게 생각한다. 내 삶의 발전에 있어 재산은 분리할 수 없는 요소이며, 능력과 성취의 지표로 활용한다. 내가 열심히 일해 번 돈으로 가족에게 안정된 환경을 제공하고, 그 안에서 아이가 건강하게 성장하는 모습을 지켜보며 느낀 것은 바로 '기적'이다. 점진적으로 재산을 늘리고 직업적 성취를 이루면서 나보다 뛰어난 이들을 만나 성장할 기회를 얻은 과정 또한 기적이다.

이 책이 누군가에게 기적의 시작점이 되길 소망한다. 당신의 삶이 지금보다 나아지는 데 작은 기폭제가 되기를 바란다. 당신이 꿈꾸는 목표를 모두 이루길 진심으로 응원한다.

인생의
컨닝페이퍼

1판 1쇄 발행 2025년 6월 2일

지은이 박종경
발행인 오영진 김진갑
발행처 토네이도미디어그룹(주)

책임편집 유인경
기획편집 박수진 박민희 박은화 김예은
디자인팀 김현주 강재준
본문·표지 디자인 상록
마케팅팀 박시현 박준서 김수연 박가영
경영지원 이혜선

출판등록 2006년 1월 11일 제313-2006-15호
주소 서울시 마포구 월드컵북로5가길 12 서교빌딩 2층
원고 투고 및 독자 문의 midnightbookstore@naver.com
전화 02-332-3310 팩스 02-332-7741
블로그 blog.naver.com/midnightbookstore
페이스북 www.facebook.com/tornadobook

ISBN 979-11-5851-317-7 (03190)